IDÉAUX PÉDAGOGIQUES EUROPÉENS

I

texte

présentés, avec Tableau chronologique, Introduction, Index des auteurs,
Documentation thématique, Questionnaires et Notes explicatives,

par

Alfred BIEDERMANN
Agrégé des Lettres
Secrétaire général de l'Association Européenne des Enseignants

et

Tina TOMASI
Chargée de cours à l'université de Florence

LIBRAIRIE LAROUSSE

17, rue du Montparnasse, et boulevard Raspail, 114
Succursale : 58, rue des Écoles (Sorbonne)

TABLEAU CHRONOLOGIQUE

ŒUVRES PÉDAGOGIQUES ET LITTÉRAIRES

1505 — Bembo : *les Azolains, dialogues platoniciens sur l'amour.*
1511 — Érasme : *l'Éloge de la folie.*
1513 — Machiavel : *le Prince.*
1524 — Érasme : *Essai sur le libre arbitre.*
1525 — Luther : *Traité du serf arbitre.*
1528 — Castiglione : *Il Cortegiano.*
1529 — Érasme : *De l'éducation des enfants.*
1532 — Rabelais : *Pantagruel.*
1534 — Rabelais : *Gargantua.*
1547 — Budé : *Institution du prince.*
1580 — Montaigne : *Essais, livres I et II.*
1631 — Comenius : *la Porte ouverte des langues.*
1644 — Milton : *De l'éducation.*
1654 — Comenius : *l'École du jeu.*
1657 — Comenius : *Grande Didactique.*
1661 — Molière : *l'École des maris.*
1662 — Molière : *l'École des femmes.*
1669 — Méré : *Conversations.*
1672 — Molière : *les Femmes savantes.*
1687 — Fénelon : *Traité de l'éducation des filles.*
1693 — Locke : *Pensées sur l'éducation.*
1699 — Fénelon : *les Aventures de Télémaque.* — Méré : *Discours de la vraie honnêteté.*
1728 — Rollin : *Traité des études.*
1748 — Montesquieu : *De l'esprit des lois.*
1751-1772 — Publication de l'Encyclopédie ou Dictionnaire raisonné des sciences, des arts et des métiers.
1762 — Rousseau : *Émile.* — Diderot: *Plan d'une université pour le gouvernement de Russie* (publié en 1813-1814).
1763 — La Chalotais : *Essai d'éducation nationale.*
1764 — Voltaire : *Jeannot et Colin.*
1776-1777 — Kant : *Cours de pédagogie.*
1788 — Kant : *Critique de la raison pratique.*
1794 — Condorcet : *Esquisse d'un tableau historique des progrès de l'esprit humain.*
1796 — Goethe : *les Années d'apprentissage de Wilhelm Meister.*
1797 — Pestalozzi : *Figures pour mon abécédaire.*
1801 — Pestalozzi : *Comment Gertrude instruit ses enfants.*
1806 — Herbart : *Pédagogie générale déduite du but de l'éducation.*
1808 — Fichte : *Discours à la nation allemande.*
1821-1829 — Goethe : *les Années de pèlerinage de Wilhelm Meister.*
1826 — Fröbel : *l'Éducation de l'homme.* — Pestalozzi : *le Chant du cygne.*
1835 — Herbart : *Plan de leçons de pédagogie.*
1841-1866 — Mazzini : *Des devoirs de l'homme.*
1844 — Marx : *Manuscrits; Cahiers d'extraits.*
1846 — Marx : *l'Idéologie allemande.*
1846-1847 — Mazzini : *Pensées sur la démocratie en Europe.*
1848 — Marx et Engels : *Manifeste du parti communiste.*
1852 — Newman : *Ce qu'est une université.*
1861 — Spencer : *De l'éducation.* — Tolstoï : *Réflexions sur l'éducation du peuple.*
1862 — Tolstoï : *Journal d'Isnaïa Poliana.*
1876 — Fröbel : *Jardins d'enfants.*
1878 — Nietzsche : *Humain, trop humain.*
1883 — Nietzsche : *Ainsi parlait Zarathoustra.*
1897 — Dewey : *Mon credo pédagogique.*

© *Librairie Larousse*, 1975.

ISBN 2-03-034455-9

TABLEAU CHRONOLOGIQUE — 3

1908 — Ovide Decroly : *Faits de psychologie individuelle et de psychologie expérimentale.*
1909 — Maria Montessori : *Traité de pédagogie scientifique.*
1913-1914 — Gentile : *Sommaire de pédagogie.*
1916 — Dewey : *Démocratie et éducation.*
1919 — Gentile : *la Réforme de l'éducation.*
1920 — Ferrière : *l'École active.*
1923 — Laberthonnière : *Théorie de l'éducation.*
1930 — Ortega y Gasset : *la Révolte des masses.*
1933-1935 — Makarenko : *Poème pédagogique.*
1934 — Bachelard : *le Nouvel Esprit scientifique.*
1935 — Valéry : *Variété.*
1937 — Makarenko : *le Livre des parents.*
1938 — Makarenko : *Pédagogie de l'école soviétique.* — Teilhard de Chardin : *Hérédité sociale et progrès.*
1939 — Dewey : *Liberté et culture.* — Huizinga : *Homo ludens.*
1947 — Maritain : *l'Éducation à la croisée des chemins.*
1956 — Friedmann : *le Travail en miettes.*
1961 — Armand et Drancourt : *Plaidoyer pour l'avenir.*
1962 — Berger : *l'Homme moderne et son éducation.* — Jaspers : *la Bombe atomique et l'avenir de l'homme.*

ÉVÉNEMENTS CULTURELS ET UNIVERSITAIRES

Dates de fondation des premières universités :
Bologne (1100), Paris (1150), Padoue (1222), Salamanque (1255), Coïmbre (1288), Oxford et Cambridge (XIIIe siècle), Pise (1343), Prague (1347), Cracovie et Vienne (1364), Pécs (1367), Heidelberg (1386), Leipzig (1409), Louvain (1425), Glasgow (1450), Saragosse (1474), Tübingen (1477), Copenhague (1479).
Vers 1440 — Gutenberg invente l'imprimerie.
1446 — Mort de Vittorino da Feltre, le fondateur de la Casa Giocosa.
1470 — Premier atelier d'imprimerie à Paris (Sorbonne).
1530 — Institution par François Ier du Collège de France.
1537-1538 — Fondation du gymnase de Strasbourg par Jean Sturm.
1540 — Création des premiers collèges jésuites, qui orientèrent pendant deux siècles l'enseignement secondaire dans les pays catholiques.
1545-1563 — Le concile de Trente recommande dans chaque paroisse de créer une « petite école » pour l'instruction élémentaire du peuple.
1563 — Création du premier collège jésuite à Paris (collège de Clermont, puis Louis-le-Grand).
1575 — Fondation de l'université de Leyde (Hollande).
1591 — Fondation de l'université de Dublin (Irlande).
1599 — Publication de la *Ratio studiorum*, organisation et programme des collèges jésuites.
Fin du XVIe-XVIIe siècle — Art baroque en Europe et en Amérique latine.
1635 — Fondation de l'Académie française.
1645 — Fondation de l'Académie royale de Londres.
1666 — Fondation de l'Académie des sciences par Colbert.
1684 — Institution des frères de la Doctrine chrétienne, qui raniment les « petites écoles » (enseignement primaire).
1700 — Fondation de l'Académie de Berlin.
Vers 1700 — Art Régence, rococo en Europe et en Amérique latine.
1747 — Création de l'École des ponts et chaussées. — Fondation de l'université d'Upsal (Suède).
1751 — Création de l'École militaire de Paris.
Vers 1760 — Art néo-classique en Europe.
1773 — Dispersion (temporaire) des jésuites, sur ordre du Saint-Siège.
1783 — Création de l'École des mines.
1792 — Plan Condorcet pour la réorganisation de l'éducation en France.
1794 — Création de l'École polytechnique.
1793-1794 — Projets et lois Lakanal, réorganisant l'enseignement primaire et l'instruction publique.

4 — *TABLEAU CHRONOLOGIQUE*

- 1795 — Institution par la Convention des « écoles centrales » (lycées scientifiques).
- 1802 — Fondation de l'université Humboldt de Berlin (Allemagne).
- 1802-1808 — Réorganisation de l'enseignement secondaire (lycées) et de l'enseignement supérieur en France, aboutissant à l'institution de l'Université napoléonienne.
- 1805 — Pestalozzi crée l'institut d'Yverdon.
- 1815-1820 — Développement des « écoles mutuelles » en France.
- 1816 — Première tentative de Fröbel pour la création de jardins d'enfants.
- 1817 — Création en Angleterre des « infant schools » par Robert Owen. — Fondation de l'université de Liège (Belgique).
- 1819 — Création, au Conservatoire des arts et métiers, de cours du soir (promotion sociale), qui s'étendent rapidement à la province.
- 1828 — Ouverture à Paris d'une « salle d'asile » sur le modèle anglais.
- 1830 — Institution de l'école primaire gratuite aux États-Unis.
- 1833 — La loi Guizot donne une impulsion nouvelle à l'école primaire.
- 1834 — Fondation de l'Université libre de Bruxelles (Belgique).
- 1837 — Statut officiel des « salles d'asile » en France (à partir de 1848, « écoles maternelles »).
- 1837-1848 — Développement rapide dans toute la France des cours d'adultes.
- 1848 — Réorganisation de l'enseignement agricole.
- 1849 — Tolstoï crée l'école d'Isnaïa Poliana.
- 1850 — Loi Falloux, qui officialise l'enseignement libre. — Institution de l'enseignement secondaire gratuit aux États-Unis.
- 1866 — Fondation de la Ligue de l'enseignement par Jean Macé.
- 1870 — Acte d'éducation conjuguant l'école publique et privée en Angleterre.
- 1880 — L'éducation élémentaire devient obligatoire en Angleterre jusqu'à dix ans. — Institution des lycées de jeunes filles en France par Camille Sée.
- 1881 — Loi légalisant les écoles maternelles en France.
- 1881-1882 — Institution en France de l'enseignement primaire obligatoire, gratuit et laïque (Jules Ferry - Paul Bert).
- 1891 — Institution en France d'un enseignement secondaire moderne.
- 1892 — Loi instituant en France les écoles pratiques de commerce et d'industrie.
- 1907 — Maria Montessori fonde sa « maison d'enfants » à Rome.
- 1920 — Makarenko crée la « colonie Maxime-Gorki ».
- 1937 — Jean Zay lance la première tentative en France pour réaliser l'« école unique », unifiant les degrés primaire et secondaire.
- 1939 — Institution du Centre national de la recherche scientifique (C. N. R. S.).
- 1945 — Expérience des « classes nouvelles », partiellement reprise dans l'actuel cycle d'observation. — Démarrage du phénomène d' « explosion scolaire », qui, entre 1945 et 1966, multiplie par 18 l'effectif de l'enseignement secondaire et par 15 celui de l'enseignement supérieur.
- 1947 — Plan de réforme Langevin-Wallon, qui préfigure les orientations de l'éducation actuelle.
- 1959 — Ordonnance du 6 janvier, qui réforme l'enseignement secondaire.

ÉVÉNEMENTS HISTORIQUES

- Vers 1450 — Début des grandes découvertes. Fondation des Empires coloniaux espagnol et portugais. — Premiers ambassadeurs permanents (Italie du Nord et Italie centrale).
- 1453 — Prise de Constantinople par les Turcs. Reflux de la civilisation de l'Empire grec d'Orient vers les pays occidentaux.
- 1492 — Redécouverte de l'Amérique par Christophe Colomb. Afflux des métaux précieux; naissance des grandes banques (Venise, Nuremberg, Augsbourg) et du capitalisme moderne. Développement du commerce maritime.
- 1494-1516 — Guerres d'Italie, qui favorisent le brassage des hommes et des idées.
- 1517 — Début de la Réforme protestante (Luther).
- 1521-1559 — Luttes entre les Maisons de France et d'Autriche, dominées par François Ier († 1547) et Charles Quint († 1558).
- 1534 — Fondation de la Compagnie de Jésus.
- 1534-1563 — Naissance de l'anglicanisme.

TABLEAU CHRONOLOGIQUE — 5

A partir de 1540 — Contre-Réforme catholique.
1562-1593 — Guerres de Religion en France, terminées par l'édit de tolérance de Nantes (1598).
1568-1648 — Guerres d'indépendance des Pays-Bas contre l'Espagne.
1588 — Désastre de l'*Invincible Armada*, point culminant de la rivalité anglo-espagnole. Essor de l'Angleterre sous Elisabeth Ire (1558-1603). Fondation de l'empire colonial anglais.
1600-1610 — Relèvement de la France sous Henri IV.
1618 — Guerre de Trente Ans, terminée par les traités de Westphalie (1648).
Après 1620 — Consolidation de la monarchie absolue en France par Richelieu (1621-1642) et Mazarin (1642-1661).
1640-1688 — Frédéric-Guillaume, le Grand Électeur : progrès du Brandebourg.
1649 et 1688 — Les deux révolutions d'Angleterre : le gouvernement parlementaire s'installe au Royaume-Uni.
1659 — Traité des Pyrénées. Prépondérance franco-suédoise sur le continent.
1661-1683 — Colbert et le colbertisme : triomphe du protectionnisme; essor colonial français.
1661-1715 — Règne personnel de Louis XIV : guerres de conquêtes.
1679 — *Habeas corpus*.
1682-1725 — Pierre le Grand, tsar de Russie : réformes et débuts de l'occidentalisation.
Après 1683 — Recul des Turcs en Europe; succès de la monarchie autrichienne, qui avance vers l'Europe du Sud-Est. Victoires du Prince Eugène de Savoie.
Fin du XVIIe siècle — Décadence et défaites de la Suède.
1700 — Proclamation du royaume de Prusse. — Philippe V de Bourbon, roi d'Espagne.
1715-1774 — Louis XV : vaines tentatives de réformes.
1717-1748 et 1756-1784 — Guerres européennes pour la prépondérance sur le continent. Après 1750 : succès de la Prusse (Frédéric II) et de l'Angleterre; recul de la Turquie devant l'Autriche et la Russie.
1740-1786 — Accession de la Prusse, sous Frédéric II, au rang de grande puissance.
A partir de 1740 — Début de la révolution agricole et industrielle en Europe, qui commence par l'Angleterre.
1741-1763 — Rivalité coloniale franco-anglaise aux Indes et au Canada : traité de Paris (1763).
Seconde moitié du XVIIIe siècle — Despotisme éclairé et réformes en Prusse (Frédéric II, 1740-1786), en Autriche (Joseph II, 1765-1790), en Russie (Catherine II, 1762-1796).
1774-1776 — Échec de Turgot, qui marque le début du règne de Louis XVI (1774-1792).
1776-1783 — Guerre de l'Indépendance américaine.
1780-1790 — James Watt met au point la machine à vapeur.
1787 — Vote de la Constitution américaine.
1789-1799 — Révolution française.
Nuit du 4 août 1789 — Abolition des privilèges et de l'inégalité.
26 août 1789 — Déclaration des droits de l'homme et du citoyen.
1792 — Chute de la monarchie et proclamation de la république en France.
1792-1802 — Guerres européennes.
1793 — Création du système métrique.
1794 — Abolition de l'esclavage dans les colonies françaises.
1799 — Coup d'État de Brumaire par Bonaparte. Institution du Consulat.
XIXe siècle — Expansion coloniale européenne dans le monde. Accélération de la révolution agricole et industrielle.
1800-1804 — Réorganisation de la France par Bonaparte.
1803-1848 — Expansion territoriale des États-Unis.
1804 — Code civil.
1804-1815 — Premier Empire en France : Napoléon Ier.
1805-1815 — Guerres napoléoniennes pour la suprématie en Europe.
1807 — Fulton fait naviguer son bateau à vapeur sur l'Hudson.
1809-1824 — Guerres d'indépendance en Amérique latine.
1815 — Traité de Vienne. La Sainte-Alliance. Réaction en Allemagne, Italie, Autriche et Espagne après des troubles libéraux (1821-1824).

TABLEAU CHRONOLOGIQUE

- 1825 — Stephenson ouvre la première ligne de chemin de fer.
- 1830-1840 — Révolutions et mouvements sociaux en Europe (France, Belgique, Pologne, Italie, Espagne).
- 1833 — Suppression de l'esclavage dans les colonies anglaises.
- 1846-1852 — Le libre-échange est introduit en Angleterre.
- 1848 — Suppression de l'esclavage dans les colonies françaises.
- 1848-1849 — Révolutions en France, Allemagne, Autriche, Italie.
- 1851-1870 — Second Empire en France.
- 1852-1886 — Apogée de la puissance anglaise (ère victorienne).
- 1858-1863 — Réformes d'Alexandre II en Russie.
- 1859 — Premier grand forage pétrolier en Pennsylvanie.
- 1859-1860, puis 1870 — Unité italienne.
- 1861-1865 — Suppression de l'esclavage et guerre de Sécession aux États-Unis.
- 1864-1871 — Unité allemande par Bismarck.
- 1869 — Ouverture du canal de Suez. — Houille blanche (Bergès).
- 1871-1890 — Suprématie de l'Allemagne bismarckienne en Europe.
- 1875 — Guerres balkaniques. Recul de la Turquie.
- 1876 — Téléphone.
- 1882 — Transport de l'électricité sous haute tension.
- 1886 — Mise au point de l'automobile par Daimler et Benz.
- Vers 1890 — Les États-Unis deviennent la première puissance commerciale mondiale.
- 1897 — Premier vol en avion de Clément Ader.
- 1899 — Télégraphie sans fil (Marconi).
- 1904-1905 — Victoire du Japon sur la Russie.
- 1905 — Révolution de 1905 en Russie.
- 1908-1909 et 1912-1913 — Périodes de tensions et de crises en Europe.
- 1914-1918 — Première Guerre mondiale.
- 1917 — Révolution d'Octobre en Russie.
- 1919 — Traité de Versailles. — Fondation de la S. D. N.
- 1919-1920 — Autres traités mettant fin à la guerre.
- 1922 — Mussolini installe le régime fasciste en Italie.
- 1922-1924 — Formation de l'U. R. S. S. (Lénine).
- 1927 — Tchang Kaï-chek seul maître en Chine.
- 1928 — Pacte Briand-Kellogg : la guerre mise « hors la loi ».
- 1929 — Début de la grande crise économique mondiale. — Staline et les plans quinquennaux en U. R. S. S.
- 1933 — Triomphe du national-socialisme en Allemagne : Hitler chancelier du « IIIᵉ Reich ».
- 1933 — Roosevelt et le New Deal.
- 1936 — Le Front populaire en France.
- 1937 — Le Japon envahit la Chine.
- 1939-1945 — Seconde Guerre mondiale.
- 1944 — La IVᵉ République en France : de Gaulle chef du gouvernement provisoire (1944-1946).
- 1945 — Création de l'O. N. U. — Première bombe atomique.
- A partir de 1945 — Émancipation et indépendance des colonies européennes en Afrique, en Asie et en Amérique.
- 1949 — République populaire de Chine : Mao Tsé-toung. — Création du Conseil de l'Europe.
- 1951 — Communauté européenne du charbon et de l'acier (C. E. C. A.).
- 1957 — Signature du traité de Rome (Marché commun).
- 1958 — Vᵉ République en France : de Gaulle président du Conseil, puis président de la République (1958-1969).

BIBLIOGRAPHIE SOMMAIRE

R. Aigrain — *Histoire des universités* (Presses universitaires de France, collection « Que sais-je ? », 1949).

M. Bataillon
A. Berge
Fr. Walter — *Rebâtir l'école* (Éd. Payot, 1967).

B. Cacérès — *Histoire de l'éducation populaire* (Éd. du Seuil, 1964).

J. Capelle — *L'école de demain reste à faire* (Presses universitaires, 1966).

R. Gall — *Histoire de l'éducation* (Presses universitaires, collection « Que sais-je ? », 1966).

R. Hubert — *Histoire de la pédagogie* (Presses universitaires, 1949).

A. Léon — *Histoire de l'enseignement en France* (Presses universitaires, collection « Que sais-je ? », 1967).

M. Reguzzoni — *la Réforme de l'enseignement dans la communauté économique européenne* (Éd. Aubier-Montaigne, 1966).

T. Tomasi — *Il Metodo nella storia dell'educazione* (Turin, Éd. Loescher, 1965).

Pour la réalisation de cet ouvrage, l'A.E.D.E. a bénéficié d'une subvention du Conseil de la Coopération Culturelle du Conseil de l'Europe.

Éducation romaine.

Bas-relief du sarcophage de M. Cornelius Statius, Paris, musée du Louvre.

Phot. Giraudon.

IDÉAUX PÉDAGOGIQUES EUROPÉENS

INTRODUCTION

Il n'est pas de problèmes plus actuels que ceux de l'éducation. Celle-ci était jadis un luxe réservé à quelques privilégiés. Aujourd'hui, elle s'affirme comme une nécessité vitale pour la société occidentale dans son ensemble et pour chaque homme en particulier. Le travail, sous toutes ses formes, s'intellectualise et se diversifie : il exige une formation de base de plus en plus poussée. Les relations humaines et les responsabilités se multiplient et se superposent : il faut une vision d'ensemble des problèmes de notre temps, étayée par une information ouverte et permanente, pour participer valablement aux choix qui engagent l'avenir. Les moyens de culture personnelle s'offrent de plus en plus largement à tous : il faut savoir les utiliser pour accéder à la plénitude humaine...

Et cette progression ira s'accélérant. Naguère encore, l'éducation se limitait à l'enfance et à l'adolescence. On s'instruisait en attendant d'entrer dans la vie active. Désormais et de plus en plus, il faudra apprendre et remettre à jour ses connaissances tout au long de l'existence : perspective stimulante certes, mais qui prolonge l'éducation très avant dans la vie.

Comme il fallait s'y attendre, l'importance accrue de l'éducation a suscité des remous. On s'est inquiété de son emprise et de ses effets. Un passé récent nous avait appris que la paroi est mince qui sépare l'endoctrinement des masses et l'action éducative. La contestation de la jeunesse, qui s'est affirmée d'une façon spectaculaire dans les secousses de mai 1968, a mis en question la légitimité même de l'éducation. Ne constitue-t-elle pas dans son principe une atteinte à la spontanéité et au libre épanouissement du génie personnel de l'enfant, bien plus, une mise en condition intolérable, l'intégrant par avance à un ordre social imposé ?

Cette contestation abrupte a impressionné les adultes et leur a donné mauvaise conscience. A leur tour, ils se sont interrogés. Et voici que la participation, installée par la loi au lycée et dans les facultés, associe parents, professeurs, élèves et étudiants à la direction des établissements et aux orientations pédagogiques. De ce fait, un nombre croissant de jeunes et d'adultes se trouve confronté avec les problèmes de l'éducation, et force leur est de chercher à y voir clair. La pédagogie, au sens large, devient une question de culture générale.

C'est pour contribuer à cet effort de réflexion nécessaire que le présent recueil a été conçu. Il n'est ni une histoire de l'éducation ni un traité de pédagogie. Simplement, nous avons voulu, à propos de grands textes qui jalonnent, de la Renaissance à nos jours, le déploiement de la pensée pédagogique européenne, faire apparaître les aspects permanents de l'entreprise éducative, évoquer les modèles, les idéaux, changeant au gré des époques, qui la guident, éclairer la complexité des solutions, des options théoriques ou pratiques qu'elle suppose, bref orienter l'intérêt vers les questions d'éducation et en préciser les concepts essentiels, pour préparer les esprits à aborder avec une ardeur réfléchie les problèmes actuels.

Car rien n'est au fond plus suggestif, pour nos débats d'aujourd'hui et de demain, que ces textes, dont les plus anciens remontent à plus de quatre siècles. Le recul qui désengage, le changement du contexte politique, social et culturel, le renouvellement radical de la substance même de l'éducation, le choc des doctrines, l'actualité surprenante de certaines formules anciennes, tout contribue à éclairer les idées d'une lumière plus vive et à ouvrir de plus larges perspectives. Pour situer et comprendre le présent, le passé immédiat ou lointain offre des vues plongeantes très révélatrices.

Évoquons quelques thèmes permanents de réflexion qui surgissent de ces pages.

La nature et l'art.

Voici d'abord la question du principe même de l'éducation, de la force vive qui l'anime.

On oppose assez couramment l'éducation autoritaire et l'éducation libérale, celle qui fait confiance à l'élève pour trouver par lui-même et celle qui prétend lui imposer des vérités et des valeurs reconnues. Mais cette question de méthode en engage une autre, plus fondamentale. L'éducation consiste-t-elle à conformer l'élève à un modèle, lentement mis au point par l'expérience des générations antérieures et adapté aux besoins de la société éducatrice?

C'est l'attitude « dogmatique ».

Ou bien le succès même de l'entreprise éducative exige-t-il qu'au départ on refuse tout modèle, pour laisser l'élève s'épanouir librement et inventer ses voies propres, selon les dons que la nature a déposés en lui?

C'est l'attitude « active ».

La première suppose une société immuable, ou du moins qui conçoit son progrès comme une décantation et un approfondissement progressifs. C'est celle des classiques, qui estiment que l'homme isolé, cet être fruste et inconsistant, doit s'incorporer d'abord l'héritage des grandes époques antérieures. C'est par cet héritage qu'il se constitue. Non que le pouvoir de créer lui soit catégoriquement refusé. Mais il n'entre en possession de la plénitude de son génie que lorsqu'il a converti en sa substance la moisson du passé. C'est en particulier la position de Herbart, féru de Goethe. Pour lui, l'effort éducatif, quelle que soit la différence des pays et des temps, reste dominé par les idéaux éternels de la grandeur simple et belle qui se tirent de l'Antiquité.

La seconde attitude conduit à des démarches diamétralement opposées. Elle considère comme sa fonction de préserver et d'épanouir le génie personnel de l'enfant. Donc, le mettre en demeure d'assimiler l'héritage de ses devanciers, c'est compromettre, et peut-être tarir à jamais, les chances d'invention et de renouvellement que chaque être porte en soi. Le dressage ravale l'homme au rang d'objet. Il le tue, pour en faire un instrument docile.

Tous ceux qui donnent priorité à la nature et situent en elle le principe unique de l'éducation ressortissent à cette seconde attitude. Celle-ci s'annonce dans l'abbaye de Thélème, trouve chez J.-J. Rousseau son expression la plus percutante, puis ressurgit chez Tolstoï et s'affiche souvent, avec une naïveté provocante, dans la contestation d'aujourd'hui.

Elle semble bien peu réaliste dans son intransigeance. Demander à chacun de retrouver par ses seuls moyens toute la science du passé ne peut être qu'une utopie. Pascal enfant peut bien reconstituer par jeu les premières propositions d'Euclide. Mais tous les enfants ne sont pas Pascal. Et l'on peut présumer qu'ensuite il s'est mis à assimiler la géométrie de l'époque pour arriver le plus rapidement possible sur le front de taille, où s'élaboraient les progrès des mathématiques de son temps. De même pour l'élève de Rousseau : lorsque son précepteur lui fait remarquer que le soleil se lève à l'opposé de son couchant, il stimule sa réflexion en piquant sa curiosité. Mais s'attend-il à ce qu'il trouve par ses propres moyens la solution de l'énigme ?

Tolstoï, en instituant son école d'Isnaïa Poliana, a beau condamner toute structure et toute discipline, estimant que la volonté de s'instruire et les exigences inhérentes à toute société finiront par dégager des règles de vie et une discipline d'étude; il n'en reste pas moins qu'une fois dégagé cet ordre libre il faudra bien le défendre contre les réactions anarchiques. Et si la voie suivie pour l'établir faisait qu'il ne soit jamais remis en question, pourrait-on encore parler de liberté ?

En fait, l'éducation s'accomplit dans une perpétuelle tension entre la nature et l'art, ses deux tentations extrêmes. Dès que l'une écrase l'autre, l'équilibre est rompu : on bascule dans un autoritarisme qui brime la vie ou dans un relâchement qui ramène l'humanité aux limbes.

Autorité et liberté.

C'est la même tension qui se retrouve dans l'antinomie entre autorité et liberté. Les uns revendiquent pour le précepteur le droit d'intervenir dans la conduite de l'enfant, de lui interdire ou de lui prescrire certains comportements, voire de le punir lorsque ses directives sont bafouées.

Ainsi Locke recommande de s'opposer aux caprices de l'enfant. Kant voit dans l'immobilité et le silence imposés à la classe un premier apprentissage de la discipline. Et les éducateurs catholiques, très sensibles à la réalité de la tentation et du péché, insistent volontiers — *horribile dictu* — sur la fonction répressive du maître.

Encore faut-il tenir compte des intentions. Il s'agit pour ces pédagogues non pas de mettre la liberté en quarantaine ou de la sacrifier à une autorité extérieure, mais bien plutôt de mettre hors d'état de nuire tout ce qui risque de la paralyser. Locke, Kant ou Maritain sont autant que d'autres respectueux de la liberté, mais ils reconnaissent à l'éducateur, dans l'intérêt même de l'enfant, le droit et le devoir de s'opposer aux habitudes, aux faiblesses, aux passions qui freinent ou compromettent l'épanouissement de sa personnalité intellectuelle et morale.

Dans l'autre camp, on se réclame d'une liberté absolue. « Fais ce que voudras », prescrit Rabelais, esquissant, il y a quatre siècles déjà, avec l'optimisme de la Renaissance, la plus étonnante utopie d'une éducation sans horaire, sans discipline et sans maître, où garçons et filles, côte à côte, s'instruisent et se forment, guidés par leur seul bon plaisir. Trois siècles plus tard, Tolstoï crée pour les enfants de ses moujiks une école sans règles ni obligations. « Malgré l'influence prépondérante du maître, l'élève avait toujours le droit de ne pas aller à l'école, et, même en y allant, de ne pas obéir au maître. » L'école active moderne se rassemble sous le même étendard.

Mais, ici encore, il faut s'entendre. La règle de Thélème, négation de toute discipline, débouche en fin de compte sur l'accord parfait : « Si quelqu'un ou quelqu'une disait : buvons, tous buvaient. Si disait : jouons, tous jouaient. » Rousseau, si catégorique pour « interdire d'interdire », de peur de léser la spontanéité de l'enfant, fait appel sans cesse à la sanction des faits. Et il n'hésite même pas, pour provoquer cette sanction, à recourir à des truquages, qu'on lui a reprochés.

Quant à l'ordre libre de Tolstoï, celui qui se dégage spontanément des exigences de la vie collective, il va lui aussi devenir un ordre astreignant. Même on peut se demander si, en d'autres circonstances, l'origine sociale de cet ordre ne risque pas d'engendrer une autorité tyrannique plus exigeante et plus totale que les disciplines conventionnelles et toujours contestables.

Il semble donc bien que, en présence de cette antinomie entre autorité et liberté, il convient, comme ailleurs, de tenir solidement les deux bouts de la chaîne et de se résigner à naviguer entre les écueils, en laissant à l'éducateur le soin de résoudre par la pratique des problèmes théoriquement insolubles.

Instruction et culture.

Autre question brûlante, celle de l'objectif concret de l'entreprise éducative : transmission de connaissances, aboutissant à un savoir-faire, ou effort de culture visant à la formation de l'homme? Le débat est aussi ancien que l'éducation elle-même.

Que l'école doit s'interdire de manipuler l'être humain comme un objet, qu'elle n'a pas le droit de façonner à sa guise ses convictions et ses actes pour en faire un simple instrument, l'agent passif de besognes dont il n'a pas à connaître, voilà qui n'est plus contesté par personne. Un esclave, fût-il rompu aux techniques les plus savantes, reste un esclave. Or, le but de l'éducation est de faire sortir l'homme de l'esclavage, pour qu'il accède à la condition humaine.

C'est pourquoi Montaigne estime que la formation qui vise au seul gain est « abjecte » et n'intéresse pas le pédagogue, puisqu'« elle regarde et dépend d'autrui », entendez de l'utilisateur. Marx démontre, avec toute la force souhaitable, que le travail imposé « aliène » l'ouvrier. Ortega y Gasset renchérit : même la recherche scientifique, cloisonnée et réduite en miettes, fait de celui qui s'y adonne un « homme-masse », la négation de la culture. C'est là pour l'enseignement en général, et pour l'enseignement technique en particulier, un avertissement décisif.

Et pourtant nos textes insistent souvent sur l'impérieuse nécessité de former l'homme aux tâches pratiques : « Si le cheval est inutilisable pour le cavalier et le bœuf pour le laboureur sans l'intervention de l'art, combien est-il plus vrai encore que l'homme n'est qu'un animal sauvage et inapte à tout, s'il n'est formé et instruit avec autant de zèle que de continuité » (Érasme). Pour Luther, l'éducation fait la force et la prospérité de la cité. Locke et Rousseau recommandent l'apprentissage d'un métier manuel... Sous les formes les plus diverses, c'est l'affirmation des bienfaits, voire de l'inéluctable nécessité pour tout homme d'une éducation pratique, ce qui, aujourd'hui, veut dire d'une éducation technique. Le monde moderne, son existence et son progrès sont inséparables d'une formation technique généralisée qui fasse bénéficier la production, à tous ses niveaux, des acquisitions les plus récentes de la science et de la technologie.

Mais cette formation pratique doit nécessairement s'apparier avec une culture générale; et il faut trouver le moyen de la procurer à tous, puisque l'on n'est véritablement homme que par elle.

Encore faut-il définir la formule qui réponde dans les conditions présentes à l'idéal que ce terme suscite. La culture générale est une vision d'ensemble des problèmes permanents de l'homme et de la société. Mais quelle est dans cette vision d'ensemble la place à faire aux sciences? La controverse ressurgit périodiquement, et les préventions séculaires qui l'ont alimentée continuent leur vie souterraine.

C'est qu'à l'époque de la Renaissance, hormis quelques génies prophétiques, personne ne prévoyait l'importance que prendraient les sciences dans la civilisation européenne. La culture humaniste se réduisait à la connaissance intuitive de l'homme à travers les grandes œuvres des Anciens.

Certes, Rabelais, dans son programme encyclopédique, fait une place très honorable aux sciences. Et Léonard de Vinci, offrant ses services au duc de Milan, fait état de ses aptitudes d'ingénieur plus largement que de ses dons d'artiste. Il faut pourtant reconnaître qu'aux XVIe et XVIIe siècles la culture littéraire accapare à elle seule les faveurs de l'élite. L'humaniste, puis l'honnête homme sont d'abord des hommes du monde formés à l'école des lettres anciennes.

Et l'on a cru longtemps que la connaissance intuitive de l'homme, que conféraient les arts et les lettres, s'opposait aux sciences et les excluait. On a même voulu établir entre les deux une différence de valeur, comme si la formation scientifique ne conduisait, en fin de compte, qu'à des tâches matérielles. Or de plus en plus, aujourd'hui, les méthodes scientifiques et les connaissances qu'elles procurent sont devenues indispensables à la connaissance de l'homme et de la société. Sans doute, la formule de Rabelais reste vraie : « Science sans conscience n'est que ruine de l'âme » ; mais, à la lumière du présent, il faut aussitôt l'équilibrer par son contraire et dire : « Conscience sans science n'est qu'impuissance de l'âme. »

La pédagogie elle-même a cessé d'être un art d'intuition : elle exige un complément substantiel de recherches physiologiques, sociologiques, mentales. La littérature et les arts ont tout à gagner, même chez les esprits créateurs, à une connaissance scientifique de leur évolution. Les métiers traditionnels exigent une ouverture permanente sur la science et les techniques nouvelles. On commence à comprendre un peu partout que le commerce est une science qui ne s'improvise pas. Encore quelque temps et l'on comprendra peut-être que d'être citoyen, responsable d'une famille, d'une région, de son pays, de l'Europe et du monde exige une large et solide information, dont les notions et les mécanismes de base doivent être mis en place soigneusement au niveau de l'école. En somme, pour tous les vieux problèmes de la culture générale, la science, aujourd'hui, apporte des éléments d'information indispensables à leur résolution.

Et pourtant, il a fallu attendre le XVIIIe siècle pour que les sciences s'inscrivent au bagage de l'homme cultivé. La Révolution française, qui, comme toutes les révolutions populaires, a besoin d'ingénieurs pour équiper et armer les masses, pour la première fois en Europe, réserve la première place aux sciences dans l'enseignement secondaire, en instituant les « écoles centrales », dont l'existence d'ailleurs fut éphémère. Vers la fin du XIXe siècle, ce mouvement retrouve son importance, si bien que, dans nos sociétés modernes « de consommation », qu'elles soient d'obédience bourgeoise ou collectiviste, c'est la culture humaniste qui se voit mise en question. Haro sur le latin et le grec. A quoi bon la culture générale, ou littéraire, ou scientifique, ou moderne ? Seule est efficace et productive la compétence technique. Le flot de connaissances qui enfle sans cesse (voyez Gaston Berger), l'évanouissement des vrais loisirs (voyez Paul Valéry), une sorte de puérilisme insidieux (voyez Huizinga) aggravent cette tentation de repli sur la technicité.

Il semble cependant que l'esprit européen, dans la mesure où il reste conscient de sa vocation originale, manifeste une allergie tenace à une telle capitulation. D'excellents connaisseurs de la société industrielle, tel Georges Friedmann, n'hésitent pas à proclamer que « nos contemporains ont, plus encore que tous leurs devanciers, besoin d'une éducation qui les fasse bénéficier des plus précieuses valeurs de la culture, des grandes œuvres du patrimoine universel où l'homme a pris toute la mesure de l'homme ». Ces observateurs attentifs de notre temps ont compris que l'effacement de la culture générale signifierait l'effacement de l'homme tout court, la porte ouverte à une société de robots où, hormis le Numéro 1, l'ultime humain conscient et responsable, tous les autres, dans leur travail comme dans leur vie publique et personnelle, auraient renoncé à leur prérogative d'humanité. En tout cas, nulle part comme sur le vieux continent, la conscience de ces risques ne semble plus lucide, ni plus nette la volonté de leur faire échec. Peut-être les temps ne sont-ils pas si éloignés où l'Europe, après avoir donné l'essor à l'esprit scientifique et aux techniques qui mécanisent le monde, deviendra le plus solide bastion de l'humanisme, face à la civilisation technicienne mondiale qui menace de tout submerger.

C'est dire que notre avenir est lié au développement de l'éducation. Il faudra maintenant qu'elle devienne vraiment populaire. Car notre problème n'est plus celui du choix entre une culture générale littéraire ou scientifique, encore moins entre un enseignement de culture réservé à quelques élus et un enseignement technique destiné à la masse prolétaire. Il faut en arriver enfin à définir et à inscrire dans les structures de l'école moderne — valables pour toute l'Europe — une gamme de culture générale à dosage humaniste et scientifique variable, et adaptée à chaque niveau d'activité. C'est dire que tout dépend d'une solution équilibrée et diversifiée de la tension entre instruction et culture.

Ce palier atteint, on pourra espérer que l'homme occidental, par une nouvelle promotion, accédera à ce « supplément d'âme » dont il a tant besoin pour faire front contre les dangers mortels issus de ses pouvoirs démesurés. Et l'éducation, étendant ses bienfaits à tous les hommes, s'élèvera à sa mission la plus haute, que lui assigne Teilhard de Chardin, celle de promouvoir, par le libre épanouissement des esprits, le progrès de l'humanité vers sa propre perfection sociale et spirituelle.

A. BIEDERMANN.

INDEX DES AUTEURS
cités dans les deux volumes

ARMAND (Louis) [1905-1971].
Polytechnicien. Il a été successivement président de la Société nationale des chemins de fer (1955), puis président de la Commission de l'Euratom (1958-1959).
Membre de l'Académie française.
Observateur pénétrant, il s'est employé à mettre en lumière les aspects positifs de la civilisation industrielle.
Œuvre : *Plaidoyer pour l'avenir* (en collaboration avec Michel Drancourt, 1961).

BACHELARD (Gaston) [1884-1962].
Philosophe français. Il se consacre à l'étude de la pensée scientifique, avant de scruter le subconscient de la pensée.
Œuvres : *le Nouvel Esprit scientifique* (1934); *la Psychanalyse du feu* (1937); *la Poétique de la rêverie* (1960).

BERGER (Gaston) [1896-1960].
Philosophe français. Professeur à la faculté des lettres d'Aix-en-Provence, il se consacra à la phénoménologie et à la caractérologie.
Directeur de *l'Encyclopédie française*.
Son action contribua efficacement à acclimater en France la notion et la pratique de la prospective.
Œuvres : *Caractère et personnalité* (1954); *l'Homme moderne et son éducation* (recueil de conférences, 1962).

CASTIGLIONE (Baldassare) [1478-1529].
Diplomate et écrivain italien. Il fréquenta les cours princières et les cercles de lettrés et d'humanistes à Urbino et à Rome. De ces expériences, il tira le portrait du gentilhomme de cour, *Il Cortegiano* (1528), lu et imité à travers toute l'Europe.

COMENIUS (Jan Amos **Komenský**) [1592-1670].
Écrivain tchèque. Le plus grand pédagogue du XVIIe siècle. Né en Moravie, appartenant à la secte des frères moraves, il se consacra aux écoles instituées par son ordre. Chassé de son pays par les persécutions religieuses, il fut accueilli en Pologne, puis voyagea à travers l'Europe, institua et réforma des écoles en Suède, en Hongrie, et mourut à Amsterdam.
Étonnant précurseur, à la fois par ses idées politiques (il milita pour l'union des nations d'Europe et ultérieurement celles du monde) et surtout par ses idées pédagogiques : psychologie de l'enfant, méthodes

actives, démocratisation de l'enseignement. Longtemps oublié, il a retrouvé de nos jours une audience méritée.
Œuvres : *la Porte ouverte sur les langues* (1631), méthode pour l'apprentissage rapide des langues, traduite aussitôt en une quinzaine de langues européennes et orientales; *l'École du jeu* (1654); *le Monde en images* (1654); *Grande Didactique* (1657).

CONDORCET (Marie Jean **de Caritat**, marquis **de**) [1743-1794].
Philosophe et homme politique français. Collaborateur de l'*Encyclopédie*.
Député à la Convention, il s'intéressa en particulier aux problèmes de l'éducation. Proscrit, il s'empoisonna pour échapper au Tribunal révolutionnaire.
Son œuvre maîtresse : *Esquisse d'un tableau historique des progrès de l'esprit humain* (1794). L'école y apparaît comme le facteur décisif pour le passage à la phase ultime du progrès et de la démocratie.

DEWEY (John) [1859-1952].
Philosophe américain. Professeur à l'université de Chicago, puis à celle de New York, il exerça une grande influence tant sur la philosophie que sur la pédagogie modernes. Pour Dewey, l'esprit est un instrument qu'il faut sans cesse perfectionner pour répondre aux exigences du développement économique, politique et intellectuel.
Son œuvre, considérable, touche à tous les domaines de la philosophie : *Psychologie* (1887); *l'Étude de la morale* (1894); *Reconstruction en philosophie* (1920).
Dans le domaine pédagogique, Dewey lança l'« école progressive », qui influença profondément la réforme scolaire aux États-Unis, en Australie, au Japon et en Chine.
Œuvres : *Mon credo pédagogique* (1897); *École et société* (1899); *Démocratie et éducation* (1916); *Expérience et éducation* (1938); *Liberté et culture* (1939).

ÉRASME (Désiré) [vers 1469-1536].
Le prince des humanistes, né à Rotterdam. Il parcourut l'Europe, applaudi dans les universités (Paris, Cambridge, Louvain, Bologne, Bâle), ami des grands imprimeurs (Alde à Venise, Frobenius à Bâle), familier des plus célèbres humanistes (Bembo, Reuchlin, Thomas Morus, Beatus Rhenanus), correspondant des papes, des empereurs et des rois.
Homme d'étude et de pensée, esprit modéré, il s'efforça, sans toujours y réussir (témoin ses démêlés avec Luther), à se tenir en dehors et au-dessus des oppositions politiques et des dissensions religieuses. La réflexion pédagogique tient une place importante dans son œuvre : *Adages* (1500); *l'Éloge de la folie* (1511); *Colloques* (1518); *Ciceroniamus* (1528); *De l'éducation des enfants* (1529).

FÉNELON (François de Salignac de la Mothe-) [1651-1715].

Écrivain français et prélat de l'Église. Précepteur du duc de Bourgogne, le petit-fils de Louis XIV, il déploya des qualités remarquables de pédagogue. Pour son disciple, il écrivit *les Aventures de Télémaque* (1699). Sa pensée pédagogique est exposée dans son *Traité de l'éducation des filles* (1687).

FERRIÈRE (Adolphe) [1879-1960].

Pédagogue suisse. Collaborateur de l'institut J.-J. Rousseau à Genève, il fonda en 1925 le Bureau international de l'éducation. Il fut un des propagandistes les plus ardents de l'école active.
Œuvres : *l'École active* (1920); *l'Activité spontanée de l'enfant* (1927); *la Libération de l'homme* (1943).

FICHTE (Johann) [1762-1814].

Philosophe allemand, disciple de Kant, professeur à l'université d'Iéna, puis à celle de Berlin.
Partisan enthousiaste des idées révolutionnaires, il ressentit amèrement l'abaissement de la Prusse après la défaite d'Iéna, en 1806. Ses *Discours à la nation allemande* (1808), suite de conférences prononcées à l'université de Berlin, au temps de l'occupation napoléonienne, exaltent les vertus permanentes de la nation et présentent l'institution d'une véritable école du peuple, à l'exemple des écoles Pestalozzi, comme la seule chance du renouveau national.

FRIEDMANN (Georges) [né en 1902].

Philosophe et sociologue français. Professeur au Conservatoire des arts et métiers, il s'est consacré à l'étude des problèmes du travail et s'est acquis dans ce domaine une autorité incontestée.
Œuvres : *Problèmes humains du machinisme industriel* (1946); *Où va le travail humain?* (1950); *le Travail en miettes* (1956).

FRÖBEL (Frédéric) [1782-1852].

Pédagogue allemand, disciple de Pestalozzi. S'inspirant des idées de Comenius, il se consacra plus spécialement à l'école maternelle, fonda à partir de 1840 plusieurs jardins d'enfants, qui périclitèrent. Il dut se battre jusqu'à sa mort pour défendre cette idée, qui, après lui, s'imposa.
Sa pensée pédagogique est exposée dans son ouvrage principal : *l'Éducation de l'homme* (1826), complété par *Jardins d'enfants* (1876).

GENTILE (Giovanni) [1875-1944].

Philosophe et pédagogue italien. Avec Benedetto Croce, l'un des représentants les plus remarquables de l'idéalisme italien. Son ralliement au fascisme a desservi sa notoriété. Mais il a laissé une trace profonde dans la pensée pédagogique moderne.

Œuvres : *Sommaire de pédagogie* (1913-1915); *la Réforme de l'éducation* (1919).

GOETHE (Johann Wolfgang **von**) [1749-1832].
Dans l'effervescence de la jeunesse, comme dans la sérénité de l'âge mûr et de la vieillesse, la formation et l'épanouissement de la personnalité, le destin de l'homme dans la société moderne furent l'axe de sa pensée.
Sa suite romanesque *Wilhelm Meister* fait une grande place aux problèmes de l'éducation.
Œuvres : *les Années d'apprentissage de Wilhelm Meister* (1796); *les Années de pèlerinage de Wilhelm Meister* (1821-1829).

HERBART (Jean Frédéric) [1776-1841].
Pédagogue allemand, disciple de Fichte. Professeur aux universités de Göttingen et de Königsberg.
Il se distingue de son maître par le sens du concret, l'appel à l'expérience et à la science. Ses recherches didactiques, fondées sur l'éthique et la psychologie, inaugurent la pédagogie scientifique.
Principales œuvres : *Pédagogie générale déduite du but de l'éducation* (1806); *Plan de leçons de pédagogie* (1835).

HUIZINGA (Johan) [1872-1945].
Critique et historien hollandais. Professeur aux universités de Groningue et de Leyde. Il s'illustra dans la philosophie de la civilisation.
Œuvres : *la Crise de la civilisation* (1935); *Homo ludens* (1939).

JASPERS (Karl) [1883-1969].
Philosophe allemand. L'un des plus importants porte-parole de l'existentialisme.
Œuvres : *Introduction à la philosophie* (1950); *la Bombe atomique et l'avenir de l'homme* (1962), qui valut à l'auteur le prix international de la Paix.

KANT (Immanuel) [1724-1804].
La réflexion pédagogique tient une place importante dans l'œuvre de ce grand philosophe. On la trouve d'abord dans un *Cours de pédagogie* (1776-1777), qu'il répéta plusieurs années : un de ses étudiants nous en a conservé l'essentiel. Mais elle apparaît aussi dans ses œuvres maîtresses : *Fondements d'une métaphysique des mœurs* (1785); *Critique de la raison pratique* (1788).

LABERTHONNIÈRE (R. P. Lucien) [1860-1932].
Philosophe et théologien français. Professeur et directeur des *Annales de philosophie chrétienne*, il milita dans les rangs du « modernisme »,

qui se proposait d'adapter le christianisme catholique aux réalités modernes.
La condamnation du Saint-Siège, en 1913, le contraignit au silence.
Œuvres : *Essais de philosophie religieuse* (1901); *Théorie de l'éducation* (1923).

LÉONARD DE VINCI (1452-1519).

Surtout connu comme peintre *(la Vierge aux rochers, la Cène, la Joconde)*, il fut aussi sculpteur, architecte, ingénieur, poète et philosophe : c'est l'un des génies les plus universels de tous les temps.

LOCKE (John) [1632-1704].

Écrivain et philosophe anglais. Son grand ouvrage *Essai philosophique sur l'entendement humain* (1690) fait de lui le principal porte-parole de la philosophie des lumières.
Il est intervenu d'une façon décisive dans tous les grands débats de son temps.
Œuvres : *Lettres sur la tolérance* (1689); *Du gouvernement* (1690); *Pensées sur l'éducation* (1693).

LUTHER (Martin) [1483-1546].

Réformateur allemand. Il s'opposa avec vigueur à l'optimisme des humanistes. Contre Érasme et son *Essai sur le libre arbitre* (1524), il écrivit un *Traité du serf arbitre* (1525), où il soutient que l'homme n'accède au salut que par la grâce de Dieu.
Il n'en favorisa pas moins la restauration de l'éducation et la diffusion des livres sacrés et profanes.

MAKARENKO (Anton) [1888-1939].

Pédagogue russe. Chargé, après la révolution bolchevique d'octobre 1917, d'un établissement d'éducation pour jeunes travailleurs, il conçut et réalisa, à travers des difficultés énormes, un type original d'éducation, en accord avec l'idéologie communiste. C'est dans le cadre d'une communauté d'éducation et de travail que les jeunes se forment à une discipline du travail et s'engagent dans la lutte pour la société collectiviste.
Son œuvre principale, *le Poème pédagogique* (1933-1935), retrace l'origine et le développement de la colonie Gorki.
Autres ouvrages : *le Livre des parents* (1937); *Pédagogie de l'école soviétique* (1938).

MARITAIN (Jacques) [1882-1973].

Philosophe et théologien, le principal représentant du néo-thomisme en France. Après sa période maurrassienne, il s'efforce de jeter les bases d'un christianisme adapté aux mœurs démocratiques.

Réfugié aux États-Unis pendant la guerre de 1939-1945, il enseigne à Princeton et à la Columbia University.
Œuvres : *Primauté du spirituel* (1927); *Humanisme intégral* (1942); *Christianisme et démocratie* (1943).
Sa pensée pédagogique se trouve dans une suite de conférences réunies sous le titre de *l'Education à la croisée des chemins* (1947).

MARX (Karl) [1818-1883].

Philosophe politique allemand, le père du matérialisme dialectique et de la révolution communiste. Pour lui, l'éducation ne saurait être une discipline autonome. C'est la société qui, dans son évolution, éduque et libère l'homme. La révolution commande l'éducation.
Mais ses premiers écrits suscitent l'image d'une humanité, jadis aliénée par son travail, qui retrouve dans la société collectiviste toutes ses virtualités; cette conception de l'homme « total » (H. Lefebvre) ou « multidimensionnel » (Marcuse) a retrouvé de nos jours une grande actualité.
Œuvres : *Manuscrits* (1844); *Cahiers d'extraits* (1844); *Thèses sur Feuerbach* (1845); *l'Idéologie allemande* (1846); *Manifeste du parti communiste* (1847); *le Capital* (1867).

MAZZINI (Giuseppe) [1805-1872].

Philosophe politique et patriote italien. Propagandiste inlassable de l'indépendance et de l'unité italiennes. Exilé en Suisse, en France, en Angleterre, il créa à Londres une école pour jeunes Italiens réfugiés. En 1848, il organisa l'insurrection populaire à Rome. Mais l'unification de son pays, en 1861, par Cavour, déçut ses convictions républicaines.
Chez Mazzini, la lutte pour l'unité italienne coïncide avec celle pour l'unité de l'Europe et du monde. L'une et l'autre supposent la libération du peuple, donc son éducation. Propagandiste de la révolution populaire, Mazzini, cependant, s'opposa toujours aux doctrines marxistes. Son inspiration est humaniste, républicaine, voire mystique, quoique détachée de l'Église.
Ses écrits ont été regroupés en une cinquantaine de volumes : politique, littérature, correspondance (1906-1927).

MÉRÉ (Antoine Gombaud, chevalier de) [1607-1684].

Écrivain et bel esprit, ami de Pascal. Il récapitule les idées de ses contemporains sur l'honnête homme, l'idéal mondain du XVIIe siècle.
Œuvres : *Conversations* (1669); *Discours de la vraie honnêteté* (1699).

MILTON (John) [1608-1674].

Poète anglais. Il doit sa gloire à son épopée biblique : *le Paradis perdu* (1667).

Mais il participa aussi aux luttes de son époque, à la guerre civile entre cavaliers et puritains. Il s'intéressa au problème de l'éducation. L'originalité de son traité *De l'éducation* (1644), qu'il adressa à sir Hartlib, disciple de Comenius, réside dans l'intégrité morale et l'esprit civique qui l'animent.

MOLIÈRE (Jean-Baptiste **Poquelin**, dit) [1622-1673].

Le grand auteur comique du XVIIe siècle aborde souvent dans ses pièces les problèmes de l'éducation : sujet traditionnel de la comédie antique et italienne, mais qui revêt à l'époque une actualité particulière. L'évolution de la société pose très concrètement le problème de l'autorité du père dans l'éducation des enfants et le gouvernement de la famille.
Œuvres : *l'École des maris* (1661) ; *l'École des femmes* (1662) ; *les Femmes savantes* (1672).

MONTAIGNE (Michel **de**) [1533-1592].

L'auteur des *Essais* a consacré le chapitre XXVI de son livre premier à l'institution des enfants. Après avoir fait dans l'essai sur le pédantisme (chap. XXIV) le procès de l'éducation scolastique, il expose ses vues sur la formation d'un « enfant de maison ». Mais ses préceptes gardent une valeur universelle.
Essais : livres I et II (1580) ; livre III (1588) ; édition posthume (1595).

MONTESQUIEU (Charles Louis **de Secondat**, baron **de La Brède et de**) [1689-1755].

Écrivain et philosophe français.
Œuvres : *Lettres persanes* (1721) ; *Considérations sur les causes de la grandeur des Romains et de leur décadence* (1734) ; *De l'esprit des lois* (1748), qui décrit chaque système politique comme un ensemble dont toutes les fonctions se conjuguent entre elles et s'accordent avec les conditions naturelles d'un pays donné.

NEWMAN (John Henry) [1801-1890].

Né à Londres d'une famille calviniste, il se convertit au catholicisme en 1845 et en devint le défenseur ardent. Théologien, professeur à Oxford, cardinal, il se passionna, entre autres, pour les problèmes de l'éducation, proclamant que l'Église ne pouvait rester étrangère à l'édification de la culture moderne. Sa pensée pédagogique est exposée dans une série de conférences, réunies sous le titre *Ce qu'est une université* (1852).

NIETZSCHE (Frédéric) [1844-1900].

Philosophe et moraliste allemand. Bouleversé par la lecture de Schopenhauer, enthousiaste de l'opéra wagnérien, il se consacra d'abord à des recherches sur la tragédie grecque, puis s'orienta

de plus en plus vers la critique de la société moderne. Désormais, dans des œuvres dithyrambiques, il annonce et appelle de ses vœux l'avènement du Surhomme.
Œuvres : *la Naissance de la tragédie* (1871); *Humain, trop humain* (1878); *Ainsi parlait Zarathoustra* (1883); *Généalogie de la morale* (1887).

ORTEGA Y GASSET (José) [1883-1955].

Philosophe espagnol, professeur à l'université de Madrid. « L'un des douze pairs de l'esprit européen. » (Robert Curtius)
Œuvres : *le Thème de notre temps* (1923); *la Révolte des masses* (1930).

PASCAL (Blaise) [1623-1662].

Savant, moraliste et philosophe français. Il eut sa période mondaine, dans l'entourage du duc de Roannez, avant la nuit d'extase de novembre 1654. C'est l'époque de sa liaison avec Méré; on en retrouve la trace dans les *Pensées*.

PESTALOZZI (Henri) [1746-1827].

Pédagogue suisse, d'origine italienne. Disciple de Rousseau, il entreprit avec une foi d'apôtre de promouvoir l'éducation du peuple. Il créa successivement plusieurs établissements d'éducation pour enfants pauvres et orphelins à Stanz, Burgdorf et Yverdon, et y expérimenta une pédagogie nouvelle, associant le travail et l'enseignement.
Œuvres principales : *Figures pour mon abécédaire* (1797); *Comment Gertrude instruit ses enfants* (1801); *Chant du cygne* (1826).

RABELAIS (François) [vers 1494-1553].

Écrivain français. Moine franciscain, puis bénédictin, il étudie la théologie et les humanités. En 1532, médecin à l'Hôtel-Dieu de Lyon, il publie *Pantagruel*. Puis il séjourne à Rome, au service du cardinal Jean du Bellay. A son retour, il fait paraître *Gargantua* (1534).
Les idées de Rabelais sont celles des humanistes; dans le domaine de l'éducation, en particulier, il a lu et médité, entre autres, Castiglione et Érasme. Mais il sait donner à ses idées un cachet personnel. C'est grâce à sa verve et à sa truculence que l'idéal éducatif des humanistes parviendra à la connaissance du grand public.

ROUSSEAU (Jean-Jacques) [1712-1778].

Écrivain et philosophe suisse. Estimant que tout le malheur des hommes vient du reniement de la nature, il professe que l'éducation consiste à laisser s'épanouir librement les dons et la personnalité de l'enfant.
Son livre *Émile* (1762), accueilli avec enthousiasme, mit la pédagogie à la mode et continue à alimenter jusqu'à nos jours la réflexion et la polémique pédagogiques.

SPENCER (Herbert) [1820-1903].

Philosophe anglais, l'un des maîtres du positivisme. Ingénieur des chemins de fer, il se consacra entièrement, malgré de redoutables difficultés de santé et d'argent, à l'édification de sa doctrine : une orientation nouvelle de l'humanité, fondée sur la science et la raison. C'est l'intérêt suscité par ses idées aux États-Unis qui l'imposa à l'admiration de l'Europe et du monde.

Œuvres : *Premiers Principes* (1860-1862); *Principes de psychologie* (1872); *Principes de sociologie* (1877).

Sa pensée pédagogique se trouve dans son traité *De l'éducation* (1861).

TEILHARD DE CHARDIN (Pierre) [1881-1955].

Géologue, paléontologue et théologien français, de l'ordre des Jésuites. Membre de l'Académie des sciences (1950). Son œuvre monumentale s'efforce d'établir la convergence des grandes hypothèses de la science moderne avec la vision chrétienne de l'homme et du monde.

Œuvres : *le Phénomène humain* (1947); *l'Avenir de l'homme* (1920-1952).

TOLSTOÏ (Léon) [1828-1910].

Le romancier de *Guerre et paix*, d'*Anna Karénine* et de *Résurrection*. Riche propriétaire, il mit au service de la lutte pour l'émancipation des serfs son immense prestige et des trésors de générosité et de dévouement.

En 1849, il créa dans son domaine d'Isnaïa Poliana une école pour les enfants de ses paysans, où il enseigna lui-même plusieurs années. Il voyagea en Allemagne et en France pour s'initier aux méthodes occidentales d'enseignement. Ce qu'il vit le révolta. Convaincu, comme Rousseau, de la bonté naturelle de l'homme, il pratiqua dans son école la liberté totale des élèves. Cette expérience, qu'il décrit dans son *Journal*, ouvre la voie à l'école active.

VALÉRY (Paul) [1871-1945].

Poète et philosophe français. Il observa son temps avec une étonnante lucidité. Beaucoup de ses jugements ont valeur de prophéties.

Œuvres : *Variété* (I à IV) [1924-1944]; *Regards sur le monde actuel* (1931).

VOLTAIRE (François Marie Arouet, dit) [1694-1778].

Le plus illustre et le plus divers des écrivains du XVIIIe siècle français. Il est de ceux qui ont senti le besoin de relayer l'idéal classique de l'honnête homme par un type mieux adapté à l'esprit de son temps, attiré par le commerce et l'industrie, les lumières et le progrès.

Témoin son conte *Jeannot et Colin* (1764).

IDÉAUX PÉDAGOGIQUES EUROPÉENS

I. L'IDÉAL DE LA RENAISSANCE

Voici, en guise d'ouverture, le plus grand des pédagogues de la Renaissance italienne, fondateur d'une école admirée et imitée par toute l'Europe, où s'incarnent les idéaux pédagogiques des temps nouveaux : **Vittorino da Feltre** (1378-1446).

Comme il n'a pas laissé d'écrits, sauf quelques lettres, il faut reconstituer son action à travers le témoignage de ses élèves. L'un d'entre eux le présente comme « le Socrate de son siècle, ornement et gloire de son temps, professeur merveilleux, providence et père des étudiants pauvres, restaurateur des humanités, maître de sagesse, modèle de culture, découvreur de talents ».

Après une jeunesse difficile, devenu célèbre par son enseignement à Padoue et à Venise, il vint s'installer à Mantoue sur l'invitation du duc Gonzague et y ouvrit un collège. Il l'appela « Casa Giocosa » (la Maison joyeuse), pour marquer que l'éducation nouvelle, telle qu'il la concevait, se fondait sur l'épanouissement joyeux, sur la recherche de la joie considérée comme le milieu et l'agent le plus efficace du libre développement des dons naturels de chacun.

L'école était ouverte aux élèves de tous âges, de la prime jeunesse à la pleine adolescence. Toutes les nationalités et toutes les conditions sociales s'y coudoyaient, du fils de prince aux enfants du peuple les plus doués. Vittorino da Feltre se proposait de leur donner une large culture générale, en dehors de toute préoccupation professionnelle, qui devait les conduire aux études supérieures et aux humanités.

Le programme des études, menées avec des méthodes radicalement opposées à celles, purement mécaniques et mnémotechniques, des écoles du Moyen Age, embrassait tout le savoir du temps. En premier lieu, les langues anciennes, latin et grec : les élèves les apprenaient en parlant, puis en lisant les classiques. Les mathématiques et les sciences naturelles étaient en grand honneur, sans oublier la musique, la danse et les exercices physiques, empruntés à la tradition courtoise. Les études étaient adaptées aux dons de chacun, et la discipline fondée sur l'amour-propre et le sentiment de l'honneur[1].

Vittorino da Feltre se proposait ainsi de former des caractères harmonieux où le sens du beau s'alliât avec la pratique de la vertu. Sa pédagogie, inspirée de Quintilien, enrichie de motifs religieux et moraux issus du christianisme, et des traditions les plus valables de l'éducation courtoise, représente une synthèse originale des expériences les plus réussies du passé, adaptées à la formation de l'homme moderne : sage et pieux, équilibré et maître de soi, soucieux du salut de son âme, mais non moins désireux de la gloire terrestre que l'on gagne par ses mérites personnels.

La « Maison joyeuse » de Vittorino da Feltre fait penser immanquablement à l'abbaye de Thélème de Rabelais. Plus généralement, elle est le modèle idéal, repris dans tous les pays européens, de l'éducation secondaire de la Renaissance.

Dans ce cadre très large de la pédagogie humaniste vient s'inscrire, selon l'éclairage religieux ou mondain, idéaliste ou pratique, un éventail varié de modèles d'éducation.

Baldassare **Castiglione**[2], élève et ami des plus célèbres humanistes, habitué des cours princières, ambassadeur du Saint-Siège auprès de Charles Quint, entreprit de tracer dans son *Cortegiano* (1528) le portrait idéal du gentilhomme de cour, homme du monde accompli, conseiller et serviteur dévoué de son prince, par la diplomatie et par les armes. Son livre connut un grand succès et fut traduit rapidement dans toutes les langues d'Europe.

D'abord le gentilhomme de cour doit être tout ensemble solide et brillant : un causeur et un écrivain.

1. Castiglione : bien parler et bien écrire.

Pour le gentilhomme, soucieux de bien parler et de bien écrire, le plus important et le plus nécessaire, à mon sens, c'est le savoir[3]. Car qui ne sait rien et n'a dans l'esprit rien qui vaille d'être su, il n'a rien à dire ni à écrire.

En second lieu, il faut organiser selon un ordre harmonieux ce qu'on se propose de dire ou d'écrire. Enfin, il faut l'exprimer avec les mots qui conviennent. Ces mots, si je ne me trompe, doivent être justes, bien choisis, riches, bien composés, et surtout toujours usités parmi le peuple. Car ce qui fait la noblesse

---

1. Voir Rabelais, texte n° 18 ; 2. Prononcer *Castilhioné* ; 3. Remarquer l'importance primordiale du savoir. Voir chevalier de Méré, texte n° 41 *(s'instruire, le plus que l'on peut)*, et Voltaire, texte n° 43 *(l'aimable ignorant)*.

Phot. Musée d'Histoire de l'éducation.

Les élèves, le maître et la férule.
Page de titre d'un traité de morale du XIVe siècle.

et la richesse du discours, c'est le jugement et le discernement de celui qui parle et son habileté à choisir les pensées les plus marquantes, à les mettre en valeur, et comme une cire que l'on façonne à son gré, à les répartir en autant de parties et dans un ordre tel qu'au premier aspect elles révèlent et fassent apparaître leur valeur et leur éclat, comme des tableaux bien exposés, dans un éclairage naturel.

Voilà qui vaut pour le discours écrit aussi bien qu'oral. Mais ce dernier exige en plus quelques qualités qui ne sont pas nécessaires lorsqu'on écrit : par exemple une voix convenable, ni trop faible ou molle comme celle des femmes, ni trop rude ou rocailleuse comme celle d'un paysan, mais bien timbrée, claire, douce et bien placée, d'un débit coulant, avec les attitudes et les gestes qui conviennent. Ceux-ci à mon sens consistent en certains mouvements de tout le corps, sans affectation ni brusquerie, mais mesurés, accompagnés d'un sourire approprié et d'un regard qui donne de la grâce aux paroles et s'accorde avec elles, renforçant sensiblement par le geste les intentions et les effets de celui qui parle[1].

Mais tout cela serait vain et de peu d'importance, si les idées exprimées par les paroles n'étaient belles, profondes, subtiles, élégantes ou graves selon les cas.

Il Cortegiano, I, 33 (1528).

Mais, surtout, le gentilhomme de cour s'appliquera à cultiver dans son attitude et sa conduite le naturel et la spontanéité, signes d'une souveraine aisance.

---

[1]. Noter la place faite aux qualités d'élocution et au maintien. Voir Rabelais, texte n° 18 *(gestes tant propres, prononciation tant distincte)*.

--- **QUESTIONS** ---

1. Relevez la place de plus en plus réduite faite au savoir, du gentilhomme de Castiglione au petit marquis de Voltaire en passant par l'honnête homme de Méré. Ne peut-on expliquer ces différences par les tâches réelles dévolues à chacun de ces personnages et par la nature de la société où ils évoluent ?

Mettez en parallèle la belle ordonnance du discours, préconisée par Castiglione, et la désinvolture de Montaigne sur le même sujet (texte n° 26, contre les « latiniseurs » de collège). Y a-t-il contradiction entre les deux opinions ?

Pensez-vous que les considérations sur l'élocution et le maintien soient aujourd'hui dépassées ? Ou gardent-elles, sous d'autres formes, une certaine place dans notre conception de l'homme cultivé ?

2. Castiglione : éviter l'affectation.

Comme l'abeille dans les vertes prairies visite sans cesse parmi l'herbe les fleurs, ainsi le gentilhomme doit aller cueillir la grâce auprès de ceux qui lui semblent la posséder, et chez chacun il s'appropriera la part la meilleure. Il ne faut pas qu'il imite tel de nos amis — que vous connaissez tous —, qui se croyait une particulière ressemblance avec le roi Ferdinand d'Aragon. Il n'avait d'autre souci en l'imitant que de rejeter fréquemment la tête en arrière en abaissant un coin de la bouche, comme le roi avait pris l'habitude de le faire à la suite d'une maladie. Bien des gens croient en avoir fait assez lorsqu'ils ressemblent à un grand homme par n'importe quoi. Et bien souvent ils ne retiennent de leur modèle que quelque trait médiocre[1].

Pour moi, quand je me suis demandé à quoi tenait cette grâce, laissant de côté ceux qui l'ont reçue des étoiles, j'ai trouvé cette règle très générale qui, me semble-t-il, vaut en ce domaine plus qu'aucune autre, pour tout ce qui se fait ou se dit : c'est qu'il faut fuir, autant que faire se peut, comme un grave et périlleux écueil, l'affectation[2]; ou encore, s'il est permis de s'exprimer ainsi, qu'il convient d'user en toute circonstance d'une sorte de nonchalance qui cache l'art[3] et témoigne que ce que l'on fait ou dit vous vient sans effort et presque sans qu'on y pense. C'est de là, me semble-t-il, que provient généralement la grâce. Car chacun sait la difficulté des choses rares et bien faites : la facilité doit donc susciter une grande admiration. Par contre, ce qui sent l'effort, et donne l'impression comme on dit d'être tiré par les cheveux, doit paraître foncièrement disgracieux et enlever leur valeur même aux choses de prix. Aussi peut-on dire que le grand art, c'est de cacher l'art. Sa suprême étude est de ne pas s'afficher. Car s'il se montre, il perd sa valeur et son mérite s'évanouit.

Je me souviens avoir lu qu'il y a eu d'excellents orateurs anciens qui ont mis tout leur talent à faire croire qu'ils n'avaient reçu aucune formation. Dissimulant leur savoir, ils présentaient leurs discours comme des œuvres toutes spontanées, qui devaient bien plus à la nature et à la vérité qu'à l'étude et à l'art. Sinon

---

1. Voir Molière, *les Femmes savantes* (vers 73-76), et Schiller, *Wallensteins Lager* (VI, vers 208-209); 2. Voir sur le même sujet : Montaigne, texte n° 26 *(Toute affectation)* ; Locke, texte n° 49; 3. Au sens d'« artifice », d'« arrangement volontaire », par opposition à *spontanéité*.

30 — *IDÉAUX PÉDAGOGIQUES*

ils auraient fait naître dans l'esprit du peuple la crainte de se voir dupé. C'est dire assez qu'à laisser paraître l'art et l'effort de l'étude, on détruit immanquablement la grâce.

Il Cortegiano, I, 26.

> Mais cette politesse n'est pas une fin en soi. Castiglione aperçoit très clairement les travers qui la guettent : la mièvrerie et les futilités. Aussi proclame-t-il avec force qu'elle n'est qu'un moyen. Elle permet au gentilhomme de mieux servir le prince et le bien public.

3. Castiglione : la véritable raison d'être de la politesse.

Si par sa naissance, sa grâce, son amabilité, et son adresse à tant d'exercices divers, le gentilhomme ne recherchait d'autre profit que d'être ce qu'il est, j'estimerais déraisonnable que, pour atteindre cette perfection de la politesse[1], un homme s'astreigne à toute la peine et à l'étude qui sont nécessaires pour y parvenir. Je dirais au contraire que bien des talents qui lui sont demandés, comme de savoir danser, plaisanter, chanter et jouer, ne sont que futilités et vanités, et méritent en un homme de qualité plutôt le blâme que l'éloge. Car ces élégances, ces sentences, ces mots d'esprit et autres traits qui appartiennent à la conversation des femmes et des amants, bien que l'on soutienne souvent le contraire, ne contribuent en fait qu'à efféminer les esprits, à corrompre la jeunesse et l'entraîner à une vie de plaisirs. Il en résulte que le nom d'Italien est souvent tourné en dérision[2], et que rares sont ceux qui osent encore, je ne dis pas affronter la mort, mais simplement s'exposer au danger. Il existe assurément bien d'autres activités qui, cultivées avec énergie et sérieux, s'avéreraient d'une utilité plus grande, dans la paix et dans la guerre, que cette politesse mondaine recherchée pour elle-même. Mais si les agissements

---

1. Au sens de « culture mondaine » (cf. *honnêteté*, texte n° 41); 2. Voir une attitude comparable à l'égard de la politesse française chez Milton, texte n° 35 *(de jolies bagatelles)*, et chez Lessing le personnage de Ricaut de La Marlinière dans *Minna von Barnhelm*.

QUESTIONS

2. Que faut-il entendre par *affectation*? Quel rapport avec les notions d'artifice et de pédantisme?

En quoi consiste la facilité? Est-elle spontanée ou volontaire? Et ne retrouvez-vous pas ici l'éternelle antithèse entre nature authentique et raison lucide?

du gentilhomme sont dirigés vers la fin louable que j'envisage et qui est la leur, il me semble qu'ils ne sont ni dangereux ni vains, mais d'une grande utilité et dignes d'un éloge sans réserve.

Cette fin donc du parfait gentilhomme, j'estime qu'elle consiste à se concilier si bien, grâce aux qualités que lui reconnaissent les grands, la sympathie et le cœur de son prince, qu'il peut se permettre de lui dire la vérité sur toutes les choses qu'il doit savoir, sans crainte et sans risque de lui déplaire. S'il s'aperçoit que l'esprit du prince incline à faire ce qui ne sied pas, il doit avoir le courage de le contredire et, sans manquer à la courtoisie, mettre à profit le crédit[1] qu'il s'est acquis par ses mérites, pour l'éloigner de toute action honteuse et le conduire sur le chemin de la vertu. Si le gentilhomme possède les mérites que lui reconnaissent les grands, unis à la présence d'esprit, l'amabilité, la sagesse, la culture et à tant d'autres qualités encore, il saura en toutes circonstances faire voir habilement à son prince tout l'honneur et le profit que lui vaudront, à lui et aux siens, la justice, la libéralité, la générosité, la mansuétude et les autres vertus qui conviennent à un bon maître, et la honte et les dommages qu'entraîneraient les vices opposés.

En somme, si la musique, les fêtes, les jeux et les autres plaisirs constituent en quelque sorte les fleurs de la politesse du gentilhomme, le service du prince, qu'il s'agit de conduire au bien et d'éloigner du mal, en constitue le véritable fruit.

Il Cortegiano, IV, 4-5.

Et pourtant l'action pratique ne comble pas toutes les aspirations du gentilhomme. Le culte de la beauté le conduit à l'amour, et le service de sa dame, selon les voies de la mystique platonicienne, chère à Dante et à Pétrarque, l'élève à la contemplation de la beauté divine. Ici culmine l'idéal pédagogique de Castiglione, qui fait de l'éducation la quête des révélations spiritualistes ultimes. Cet héritage

---

1. Castiglione éprouvera personnellement la fragilité de ce crédit, et partant la faiblesse de cet argument, lorsqu'il essaiera en vain, en 1527, d'empêcher le sac de Rome par Charles Quint.

QUESTIONS

3. La première partie de ce texte ne trahit-elle pas une sorte de mauvaise conscience de l'auteur devant la frivolité de la société mondaine?

Comment justifie-t-il la politesse? Sincérité de cet argument. Son réalisme. Comment voyez-vous le caractère de l'auteur à travers ce trait?

4. Castiglione : la félicité suprême.

Lorsque notre gentilhomme se sera élevé jusqu'à ce degré-là[1], bien qu'il puisse se dire heureux amant en comparaison de ceux que submergent les misères de l'amour charnel, je ne voudrais pas cependant qu'il en reste là. Qu'il aille plus avant, hardiment, sur la route sublime où son guide le conduit, vers le but de la vraie félicité[2]. Aussi, au lieu de sortir de soi par la pensée, comme doit le faire nécessairement celui qui veut jouir de la beauté physique, qu'il rentre en soi-même pour contempler celle qui s'offre aux yeux de l'âme. Ceux-ci gagnent en acuité et en pénétration à mesure que les yeux du corps perdent la fleur de leur plaisir.

En effet, lorsque, fermée aux vices, purifiée par l'étude de la vraie philosophie, l'âme qui s'est tournée vers la vie de l'esprit et exercée aux démarches de l'intelligence s'attache à la contemplation de sa propre nature, la voilà, comme réveillée d'un profond sommeil, qui ouvre ces yeux que tous les hommes possèdent, mais que bien peu utilisent ; et elle perçoit au fond d'elle-même un rayon de cette lumière qui est la vraie image de la beauté céleste, dont un pâle reflet tombe ensuite sur les corps. Elle devient aveugle aux choses de la terre et de plus en plus sensible à celles du ciel[3]. Alors quand la contemplation a amorti les passions du corps ou que le sommeil les paralyse, l'âme, s'affranchissant de leurs liens, subodore le parfum secret de la vraie beauté céleste, et, ravie par la splendeur de cette lumière, elle commence à s'enflammer et se précipite vers elle avec une telle ardeur qu'elle devient comme ivre et hors d'elle-même, dans son désir de s'unir à elle. Il lui semble avoir trouvé la trace de Dieu et elle aspire à se reposer dans cette contemplation, qui est sa fin bienheureuse. [...] Ainsi enflammée du feu sacré de l'amour divin véritable, l'âme s'unit à la nature céleste ; non seulement elle s'affranchit entièrement des sens, mais elle n'a même plus besoin des développements de la raison[4] ; si bien que, changée en ange, elle embrasse le monde

---

1. L'amour platonique. Pour comprendre cette conception de l'amour et ses développements mystiques, lire dans *le Banquet* de Platon le discours de Diotime (201 d à 212 b) ; 2. La contemplation de la beauté absolue et l'union avec Dieu ; 3. Une sorte de désincarnation ; 4. L'âme accède à la connaissance immédiate, mystique.

intelligible et sans aucun voile ni nuage contemple la mer immense de la beauté céleste; elle se laisse envahir par elle et jouit de cette félicité suprême qui est hors de toute atteinte des sens.

Il Cortegiano, IV, 68.

Cet idéal de courtoisie mondaine et de spiritualité platonicienne ne pouvait convenir qu'à une élite, vivant en marge des luttes de l'Histoire. Aussi, très tôt, voit-on paraître à côté de lui une orientation plus scientifique et plus pratique de la culture. Devant les exigences du développement et se fondant sur les premières conquêtes des savants, certains esprits d'avant-garde, lucides et entreprenants, prévoient l'importance que vont prendre dans le monde occidental les sciences et les techniques. Et, dès ce moment, ils présentent un type d'homme chez qui la culture scientifique et pratique s'associe étroitement aux humanités et aux arts.

C'est la première apparition de l'antinomie entre formation littéraire et formation scientifique, qui, après quatre siècles de tiraillements, semble s'acheminer aujourd'hui seulement vers des solutions d'équilibre.

5. Léonard de Vinci : un homme universel.

Très illustre Seigneur,

J'ai maintenant vu et bien examiné ce dont sont capables ceux qui se donnent pour spécialistes des machines de guerre; le principe et le fonctionnement de celles-ci ne diffèrent en rien de l'usage courant. Aussi tenterai-je, sans porter tort à personne, de m'adresser à Votre Excellence pour lui découvrir mes secrets, et lui proposer de réaliser, au moment qu'il lui plaira le mieux, tout ce qui va être brièvement énuméré ci-dessous :

1º Je connais un modèle de ponts très légers et solides, faciles à transporter, pour poursuivre ou inversement fuir les ennemis, d'autres dont la solidité résiste au feu et au combat, faciles et commodes à enlever et à poser, avec les moyens de brûler et de détruire ceux de l'ennemi.

---QUESTIONS---

4. Retracez les étapes de cette quête de la beauté suprême. Éléments platoniciens et chrétiens de cette mystique de l'amour.

Peut-on dire que ce texte se situe en dehors du domaine de l'éducation? Peut-on exclure délibérément des spéculations de ce genre? Par quoi les remplacer?

N'apporte-t-il pas un bon exemple de ce que les marxistes nomment la « mystification inhérente à toute pensée idéaliste »?

2º Je sais, pour le siège d'une place, vider l'eau des fossés, construire une infinité de ponts, béliers, échelles et autres machines relatives à l'opération.

3º *Item*, si la hauteur des remparts ou la force de la position rendent impossible au cours du siège d'une place le bombardement, je possède les moyens de détruire tout fort ou forteresse, pourvu qu'ils ne soient point fondés sur le roc.

4º Je possède aussi des types de mortiers très commodes, faciles à transporter, qui envoient comme un orage de petites pierres, et causent par leur fumée une grande terreur à l'ennemi, à son grand dam et confusion.

5º Si la bataille avait lieu sur mer, je possède des modèles de nombreuses machines parfaitement adaptées à l'attaque et à la défense, et des vaisseaux qui résisteront au tir des plus gros canons, à poudre et à fumée.

6º *Item*, je possède des moyens d'atteindre par des mines et des souterrains cachés et tortueux, sans nul bruit, un endroit déterminé, même s'il fallait passer sous des fossés ou une rivière.

7º *Item*, je fabriquerai des chars couverts, sûrs et inattaquables, qui entreront dans les lignes ennemies avec leur artillerie et enfonceront toute formation de troupes, si nombreuse soit-elle. L'infanterie pourra suivre, sans pertes et sans obstacles.

8º *Item*, en cas de besoin, je fabriquerai des canons, des mortiers, des pièces légères de formes très belles et très pratiques, d'un type peu commun.

9º Là où le bombardement n'irait pas, j'inventerai des catapultes, mangonneaux et autres machines d'une efficacité merveilleuse, mais peu employées. Bref, en réponse aux cas les plus divers, j'inventerai une infinité d'engins variés d'attaque et de défense.

10º En temps de paix, je crois pouvoir donner toute satisfaction, à l'égal de quiconque, en architecture, en construction d'édifices publics et privés, en adductions d'eau.

Item, je puis exécuter en sculpture, marbre, bronze ou terre, ou, aussi bien, en peinture, des ouvrages à l'égal de qui que ce soit.

En outre, pourra être entrepris le cheval de bronze qui sera la gloire immortelle et l'éternel honneur du prince votre père, d'heureuse mémoire, et de l'illustre maison de Sforza.

Et si l'un des points du programme énuméré paraissait à d'aucuns impossible et irréalisable, je me déclare prêt à en faire l'essai dans votre parc ou en tout lieu qu'il plaira à Votre Excellence, à qui je me recommande en toute humilité.

« Lettre au duc de Milan » (1482),
dans *Léonard de Vinci par lui-même*.
Trad. A. Chastel (Éd. Nagel, 1952).

En opposition à ce double idéal, aristocratique et scientifique, **Érasme** exprime une conception plus bourgeoise et plus savante de l'éducation.

Il en souligne d'abord l'importance primordiale. Sa nécessité est inscrite dans l'ordre même de la nature, puisque seul de tous les animaux, qui, eux, sont guidés par l'instinct, l'homme doit choisir librement sa voie à la lumière de sa raison.

6. Érasme : la nature humaine postule l'éducation.

Certes, les espèces muettes ont reçu de la Nature, notre mère à tous, des dons mieux adaptés que les nôtres à l'accomplissement de leur fonction propre. Mais la Providence divine a doté l'homme, seul entre toutes les créatures, de la puissance de la raison. C'est donc à l'éducation qu'elle a réservé le rôle le plus important[1]. Si bien qu'un auteur a pu écrire fort judicieusement que la base, le milieu et le sommet, c'est-à-dire la substance et le degré suprême de toute la félicité humaine, consistent en une bonne instruction et en une éducation régulière. Démosthène[2] insistait sur les mérites d'une prononciation correcte; et il n'avait pas tort, bien sûr. Mais une bonne instruction a beaucoup plus d'importance encore au regard de la sagesse que n'en a une bonne prononciation au regard de l'éloquence. Une éducation soignée et méthodique est la source de toutes les vertus. De même, la première responsable de la sottise et de la méchanceté, c'est une éducation négligée et

---

1. Voir : Comenius, texte n° 29; Rousseau, texte n° 59; Kant, texte n° 66; Pestalozzi, texte n° 72; 2. *Démosthène* avait réussi, au prix de grands efforts, à vaincre un bégaiement naturel.

QUESTIONS
---

5. Faites apparaître l'actualité des engins de guerre imaginés par Léonard de Vinci, du moins dans le domaine des armes dites « conventionnelles ».

Montrez dans ce texte l'association de la technique et de l'art. Qu'en concluez-vous?

corrompue. C'est donc l'éducation qui constitue le talent spécifique de l'homme. Aux autres créatures, la nature a attribué la vitesse ou la faculté de voler, une vue perçante, un corps vigoureux et massif, des écailles, une toison, un pelage, des lamelles, des cornes, des griffes, du venin. Ces avantages leur permettent à la fois d'assurer leur propre sauvegarde, de pourvoir à leur nourriture et d'élever leurs petits. L'homme est le seul être que la nature ait produit avec un corps mou, nu, dépourvu de toute armure. Mais à la place de tous ces attributs, elle l'a doté d'un esprit capable de savoir, et ce seul don contient tous les autres, mais à la condition d'être exercé. On sait aussi que les animaux ont d'autant plus de sagesse instinctive qu'ils ont moins d'aptitudes pour apprendre. Les abeilles n'apprennent pas à construire leurs alvéoles, à amasser le pollen, à fabriquer le miel. Les fourmis n'apprennent pas à rassembler dans un trou en été de quoi survivre pendant l'hiver. Tout cela, elles le font par instinct naturel. Mais l'homme ne sait ni manger, ni marcher, ni parler, sans une instruction préalable. Si donc un arbre que l'on aurait négligé de greffer ne produit pas de fruits ou en produit d'insipides, si un chien, à sa naissance, n'est d'aucune utilité pour la chasse, si le cheval est inutilisable pour le cavalier et le bœuf pour le laboureur sans l'intervention de notre art, combien est-il plus vrai encore que l'homme n'est qu'un animal sauvage et inapte à tout, s'il n'est formé et instruit avec autant de zèle que de continuité.

De l'éducation des enfants (1529).

> Il n'en est que plus scandaleux de voir la désinvolture avec laquelle certains parents traitent l'éducation de leurs enfants.

7. Érasme : une inqualifiable négligence.

Tes champs sont resplendissants, resplendissante ta maison ; ta vaisselle, tes vêtements, tout ton mobilier resplendissent. Tu as des chevaux bien dressés, des serviteurs stylés. Seul l'esprit de ton fils reste en friche, inculte, effrayant à voir. Ayant acheté un esclave à l'encan — selon la formule consacrée —, il t'est échu un être fruste et grossier. S'il est novice,

─────────── QUESTIONS ───────────
6. En quoi se distinguent l'instinct et l'intelligence ?
Dans quel sens peut-on dire qu'il n'y a d'éducation que de l'homme ?

Un cours de théologie en Sorbonne au XVᵉ siècle.
Miniature d'un manuscrit français de la bibliothèque de Troyes.

Phot. Larousse.

tu regardes à quel emploi il serait bon, et tu lui fais apprendre sans tarder un métier, celui de cuisinier, de médecin, de cultivateur ou d'intendant. Il n'y a que ton fils que tu négliges, comme s'il était né pour l'oisiveté. « Il aura de quoi vivre. » — « Oui, mais il n'aura pas de quoi vivre en homme de bien. » En général, plus le père est riche, moins il est préoccupé par l'éducation de ses enfants. « Quel besoin ont-ils de sagesse? Ils auront du bien! » Or, tout au contraire, plus ils possèdent de richesses, plus ils ont besoin des secours de la sagesse. Plus le navire est grand, plus nombreuses les marchandises qu'il transporte, et plus il lui faut un capitaine accompli. De quel zèle les princes ne témoignent-ils pas pour laisser à leurs fils un pouvoir aussi étendu que possible! Tous aussi, ils s'inquiètent de leur donner, par l'instruction, les moyens sans lesquels il n'est pas possible de bien gouverner un royaume. En donnant aux enfants les moyens de vivre bien, on leur donne bien plus qu'en leur donnant la vie. Elle est faible la dette des enfants envers des parents qui n'ont fait que les engendrer sans leur apprendre aussi à vivre comme il convient. On connaît le mot célèbre d'Alexandre : « Si je n'étais pas Alexandre, je voudrais être Diogène. » Plutarque le reprend très justement, en disant qu'Alexandre aurait dû d'autant plus souhaiter la sagesse de Diogène que son empire était plus étendu. Mais plus scandaleuse encore est l'insanité de ceux qui, non contents de négliger l'instruction morale de leurs enfants, les pourrissent eux-mêmes jusqu'à la scélératesse.

De l'éducation des enfants.

L'éducation doit tenir compte des aptitudes particulières de chaque enfant.

8. Érasme : point de carrière imposée d'autorité.

Il y a des dons naturels communs à toute l'espèce, par exemple la nature de l'homme consiste à faire usage de la raison. Mais il y a aussi des dons particuliers à tel ou tel individu, comme si certains étaient nés pour les mathématiques, d'autres pour la

──────── **QUESTIONS** ────────

7. Ce grief est-il resté actuel? Ou faut-il dire, avec certaines statistiques, que la demande d'éducation va sans cesse croissant?

théologie, ceux-ci pour la rhétorique ou pour la poésie, ceux-là pour le métier des armes[1]. Une telle force les entraîne vers leurs activités préférées que rien au monde ne pourrait les en détourner. Ou au contraire leur répulsion est si vive qu'ils se jetteraient au feu plutôt que d'appliquer leur esprit à une discipline qui leur est odieuse. J'ai connu intimement un jeune homme qui avait une très belle connaissance du grec et du latin et une culture raffinée dans tous les arts libéraux. L'archevêque, dont la faveur assurait sa subsistance, l'avait mis en demeure, par lettre, de suivre les cours de droit, en dépit de sa répugnance naturelle. Quand il m'eut exposé ses motifs d'affliction — nous partagions le même lit —, je l'exhortai à se plier aux volontés de son protecteur : les difficultés du début s'aplaniraient par la suite; qu'à cette étude il consacrât du moins une partie de son temps. Il me cita des passages de ses cours, d'une incroyable sottise, que ces illustres professeurs, ces demi-dieux, n'en enseignaient pas moins à leur auditoire à grand renfort d'autorité. Je lui dis qu'il devait dédaigner ce fatras et ne prendre que les cours valables. Et comme je le pressais en multipliant mes arguments : « Je suis, me dit-il, dans un tel état, que chaque fois que je me tourne vers ces études, c'est comme si l'on m'enfonçait une épée dans le cœur. »

De l'éducation des enfants.

> Érasme témoigne d'une connaissance très fine de la psychologie des enfants. Leur aptitude aux langues, l'intérêt qu'ils portent aux fables, la pédagogie de la joie, toutes ces idées que l'on croit modernes, il les formule nettement, parmi bien d'autres.

9. Érasme : un programme pour les petits.

Tu vas me demander de t'indiquer les connaissances qui correspondent à l'esprit des enfants et qu'il faut leur infuser dès leur prime jeunesse. En premier lieu, la pratique des langues. Les tout-petits y accèdent sans aucun effort[2], alors que chez les adultes elle ne peut s'acquérir qu'au prix d'un grand effort.

---

1. Voir : Goethe, texte n° 79; Marx, texte n° 83; 2. Cette remarque a trouvé une application pratique dans la pédagogie des écoles européennes.

QUESTIONS

8. Que pensez-vous de cette affirmation traditionnelle des dons particuliers à chacun? Délimitez le pour et le contre.
Finesse psychologique de l'exemple concret.

Les jeunes enfants y sont poussés, nous l'avons dit, par le plaisir naturel de l'imitation, dont nous voyons quelques traces jusque chez les sansonnets et les perroquets[1]. Et puis — rien de plus délicieux — les fables des poètes. Leurs séduisants attraits charment les oreilles enfantines, tandis que les adultes y trouvent le plus grand profit, pour la connaissance de la langue autant que pour la formation du jugement et de la richesse de l'expression. Quoi de plus plaisant à écouter pour un enfant que les apologues d'Ésope qui, par le rire et la fantaisie, n'en transmettent pas moins les préceptes philosophiques sérieux? Le profit est le même avec les autres fables des poètes anciens. L'enfant apprend que les compagnons d'Ulysse ont été transformés par l'art de Circé en pourceaux et en d'autres animaux. Le récit le fait rire mais, en même temps, il a retenu un principe fondamental de philosophie morale, à savoir : ceux qui ne sont pas gouvernés par la droite raison et se laissent emporter au gré de leurs passions ne sont pas des hommes, mais des bêtes. Un stoïcien s'exprimerait-il plus gravement? Et pourtant le même enseignement est donné par une fable amusante. Je ne veux pas te retenir en multipliant les exemples, tant la chose est évidente. Mais quoi de plus gracieux qu'un poème bucolique? Quoi de plus charmant qu'une comédie? Fondée sur l'étude des caractères, elle fait impression sur les non-initiés et sur les enfants. Mais quelle somme de philosophie y trouve-t-on en se jouant! Ajoute mille faits instructifs que l'on s'étonne de voir ignorés même aujourd'hui par ceux qui sont réputés les plus savants. On y rencontre enfin des sentences brèves et attrayantes du genre des proverbes et des mots de personnages illustres, la seule forme sous laquelle autrefois la philosophie se répandait dans le peuple.

De l'éducation des enfants.

Même lucidité dans le choix des moyens.

10. Érasme : susciter l'esprit d'émulation.

Il y a, ancré dans le cœur des enfants, un désir de vaincre et un sentiment d'émulation bien enraciné. On y trouve aussi

---

[1]. Remarquer la tendance à adapter la progression de l'enseignement au développement naturel de l'intelligence.

───────── QUESTIONS ─────────

9. Un certain rationalisme dénie aux contes, aux fables et aux légendes toute valeur éducative : qu'en pensez-vous?

la crainte du déshonneur et le désir des louanges, surtout chez ceux en qui dominent la hardiesse d'esprit et la vivacité du caractère. Ces dispositions[1] seront mises à profit par le maître pour stimuler leur zèle. Si les progrès se font attendre en dépit des prières et des encouragements, des récompenses et des louanges, il faudra mettre en scène une lutte avec ses camarades. Le paresseux entendra louer son compagnon. Et l'émulation aiguillonnera celui que n'avait pu toucher la seule exhortation. Toutefois on jugera prudent de ne pas décerner la palme au vainqueur comme s'il devait la garder toujours. Mais de temps à autre, on fera miroiter aux yeux du vaincu l'espoir de réparer sa défaite par un sursaut d'activité, comme les chefs le font couramment à la guerre. Il est bon aussi de laisser quelquefois à l'enfant l'illusion d'être vainqueur malgré sa faiblesse. Enfin, en alternant les éloges et les blâmes, le maître entretiendra parmi ses élèves, comme dit Hésiode[2], un utile esprit de compétition.

De l'éducation des enfants.

Érasme a conscience de la nouveauté des méthodes qu'il préconise. Et, comme tous ses contemporains, il dénonce avec force les aberrations de l'école scolastique.

11. Érasme : sus aux pédants!

Voici[3] les pédants qui enseignent la grammaire. Ce serait sans contredit l'espèce d'hommes la plus misérable, la plus à plaindre, et qui paraîtrait la plus haïe des dieux, si je n'adoucissais[4], par un certain genre de folie, les misères du triste métier qu'ils exercent. Exposés sans cesse aux tourments les plus cruels, la faim, la puanteur leur font une guerre continuelle. Enfoncés dans leurs écoles, ou plutôt dans leurs galères

---

1. Voir : Rabelais, texte n° 20 *(un instinct et aiguillon)* ; Locke, texte n° 45; Kant, texte n° 67; 2. *Hésiode* : poète grec du VIIe siècle av. J.-C., auteur de la *Théogonie* et des *Travaux et les jours* ; 3. *L'Éloge de la folie* est une sorte de catalogue où l'auteur passe en revue toutes les variétés de fous; 4. C'est la Folie qui parle. Elle se vante de rendre les hommes heureux, malgré leur aveuglement et leur bêtise. De là une certaine ambiguïté sur les intentions d'Érasme.

QUESTIONS

10. Quelle place assignez-vous à l'émulation et à l'amour-propre parmi les stimulants de l'éducation? Distinguez-les du « principe vital intérieur », qui est à la base de l'école active (voir Ferrière, texte n° 109, et Maritain, texte n° 113).

et dans leurs prisons, théâtre affreux de leurs exécutions barbares, ils vieillissent dans le travail, au milieu d'une troupe d'enfants, ils deviennent sourds à force de crier, et la malpropreté les ronge et les dessèche. Eh bien, malgré tout cela, heureux par mes bienfaits, ils se croient les premiers de tous les hommes. Quelles idées agréables ne se forment-ils pas de leur propre mérite, lorsqu'ils voient trembler, au gré de leurs mines et de leurs voix sévères et menaçantes, la troupe effrayée de leurs timides sujets, lorsqu'ils les déchirent impitoyablement à coups de férules, de verges et d'étrivières, et qu'ils font tomber, au gré de leurs caprices, des tourments de toute espèce sur ces déplorables victimes de leur brutalité! Semblables à l'âne de la fable, ils se croient la puissance du lion, parce qu'ils en ont la peau. Ils s'admirent dans leur malpropreté; la mauvaise odeur qu'ils exhalent leur paraît aussi agréable que celle du jasmin ou de la rose; leur triste emploi, qui n'est qu'un misérable esclavage, est, pour eux, un empire si glorieux, qu'ils ne troqueraient pas leur puissance contre celle de Phalaris[1] ou de Denis le Tyran. Mais ce qui les rend encore bien plus heureux que tout cela, c'est la grande idée qu'ils ont de leur érudition. Ils farcissent la tête des enfants d'un tas d'impertinences ridicules, et cependant avec quel mépris, avec quel dédain ne regardent-ils pas les Palémon, les Donat[2] et tous ceux de leur métier qui ont vraiment du mérite! Ce qu'il y a de singulier, c'est qu'ils parviennent, je ne sais comment, à communiquer aux sots parents de leurs écoliers l'idée qu'ils ont eux-mêmes de leur propre mérite. Un autre plaisir que je procure encore à ces pédants, c'est lorsqu'ils découvrent, par hasard, dans quelque manuscrit moisi, le nom de la mère d'Anchise ou quelque mot inconnu au vulgaire, ou qu'ils ont déterré quelque vieille pierre avec les vestiges d'une inscription. Grands dieux! quelle joie! quel triomphe! quelle gloire! quels éloges! On dirait Scipion qui vient de terminer la guerre d'Afrique, ou Darius après la conquête de Babylone.

l'Éloge de la folie (1511).
Trad. T. de Laveaux (1930).

---

1. *Phalaris :* tyran d'Agrigente, célèbre par sa cruauté (VIe siècle av. J.-C.); **2.** *Palémon, Donat :* grammairiens latins (le premier du Ier siècle et le second du IVe siècle apr. J.-C.).

QUESTIONS

Question 11, v. p. 43.

Pour Érasme aussi, la philosophie est le couronnement de l'éducation, mais il entend une philosophie pratique, qui fixe les objectifs et permet de voir clair dans l'existence.

12. Érasme : la philosophie est un guide plus sûr que l'expérience.

Ils se trompent lourdement ceux qui pensent qu'il suffit de naître. Mais non moins grave est l'erreur de ceux qui croient que l'on acquiert de la sagesse à force d'entreprendre et de brasser des affaires, sans recourir aux préceptes de la philosophie. Comment veux-tu qu'il devienne un coureur confirmé, celui qui s'exerce avec ardeur, mais court dans l'obscurité et sans voir son chemin? Comment sera-t-il un bon escrimeur, l'homme qui garde les yeux fermés pour faire des moulinets avec son épée? Les préceptes de la philosophie sont comme les yeux de l'esprit : ils explorent notre route, par anticipation, afin de nous faire voir ce qu'il convient d'entreprendre et ce que nous devons éviter. Une longue pratique dans des domaines divers procure, je l'avoue, bien des avantages, mais à la condition d'être en possession de la sagesse et d'avoir été soigneusement instruit des principes de la vertu. Compare les résultats qu'ont obtenus et les souffrances qu'ont endurées au cours de leur vie ceux qui, par leur seule expérience, ont acquis une sagesse relative, bien misérable encore; et puis demande-toi si tu souhaites à ton fils de telles épreuves. Dis-toi bien que la philosophie enseigne plus de choses en une seule année que l'expérience, si riche soit-elle, ne le ferait en trente : et c'est un savoir sûr, alors que l'expérience plonge dans la détresse plus de personnes qu'elle n'en éclaire.

De l'éducation des enfants.

Luther est tout aussi catégorique qu'Érasme dans sa défense de l'école. Certes, la foi est sa principale préoccupation, mais ni l'Église ni la cité ne peuvent prospérer dans l'ignorance.

─────── **QUESTIONS** ───────

11. Que pensez-vous de cette caricature du pédagogue? Sa valeur historique. Ne la retrouve-t-on pas un peu à toutes les époques? Vérité psychologique et charge. Les risques du métier.

12. De quelle *philosophie* s'agit-il dans ce texte? Quelle est sa source et quels sont ses objectifs? Comparez-la à celle de Castiglione (texte nº 4).

13. Luther : la force de la cité.

Mes chers amis et seigneurs, au nom de Dieu et de la pauvre jeunesse, ne méprisez point ma requête. Voyez combien d'argent on dépense annuellement pour des arquebuses, des chemins, des digues. Pourquoi ne pas en dépenser un peu pour donner à la pauvre jeunesse un ou deux maîtres d'école habiles?

Les couvents n'ont pu former que des ânes et des lourdauds; on n'y apprenait rien. Aujourd'hui que nous avons des écoles d'après la parole de Dieu, il faut en profiter, sinon l'occasion pourrait nous échapper sans retour. C'est un péché abominable que de négliger les jeunes âmes. Quel scandale, quelle honte pour l'humanité. Beaucoup de parents sont comme les autruches : ils s'endurcissent envers leurs petits et, contents d'avoir pondu l'œuf[1], ils ne s'en soucient plus. Alors ces enfants croissent sans aucune culture et deviennent le poison et le malheur d'une ville entière, comme il est arrivé à Sodome et Gomorrhe. Ce qui fait la prospérité d'une ville, ce n'est pas seulement qu'on bâtisse de fortes murailles, qu'on y élève de belles maisons, qu'on y fabrique des armes brillantes. Le bien véritable d'une ville, son salut et sa force, c'est d'avoir beaucoup de citoyens savants, cultivés, honnêtes et bien élevés.

Correspondance.

Et le réformateur d'esquisser son plan d'études.

14. Luther : des écoles et des bibliothèques.

Il faut que les magistrats veillent à l'instruction des enfants. Établir des écoles est une de leurs tâches principales. Les fonctions publiques ne doivent être confiées qu'aux plus doctes.

Il est important d'étudier les langues : le diable redoute cette étude et cherche à l'éteindre. N'est-ce pas par elle que nous avons retrouvé la vraie doctrine[2]? La première chose que le Christ ait donnée à ses apôtres, c'est le don des langues. Dans les monastères on ne sait plus le latin, à peine l'allemand : il faut une meilleure instruction.

---

1. Voir Érasme, texte n° 7 *(la dette des enfants)* ; 2. La Réforme veut être le retour au texte biblique et reproche à la Tradition de l'Église de l'avoir altéré.

QUESTIONS

13. Que pensez-vous de la sobriété, de l'aisance et de la verdeur de ce texte, comme d'ailleurs du suivant?

Pour moi, si j'ai jamais des enfants, et que ma fortune me le permette, je veux qu'ils deviennent habiles en langues et en histoire. Qu'ils apprennent aussi la musique et les mathématiques, et qu'ils prennent goût aux poètes et aux historiens.

Il faut envoyer les enfants au moins une heure ou deux par jour à l'école. Ils emploieront le reste à tenir la maison et à apprendre un métier. Il doit y avoir aussi des écoles pour les filles.

On devrait fonder des bibliothèques publiques. D'abord des livres de théologie, latins, grecs, hébreux, allemands; puis des livres pour apprendre à parler, tels que les orateurs, les poètes, peu importe qu'ils soient chrétiens ou païens; des livres de jurisprudence et de médecine, les annales, les chroniques, les histoires, dans la langue où elles ont été écrites, voilà les ouvrages qui doivent tenir la première place dans une bibliothèque.

Correspondance.

En France, c'est le *Pantagruel* de **Rabelais**, paru en 1532, et surtout son *Gargantua*, paru en 1534, qui attestent et consacrent l'implantation chez nous des idéaux pédagogiques de la Renaissance.

La lettre de Pantagruel à son fils, alors étudiant à Paris, mérite une particulière attention.

Il s'y exprime tout d'abord, drapé en des périodes d'une ampleur cicéronienne, ce sentiment des parents de tous les temps, émouvant par sa sincérité humaine : ils souhaitent que leurs enfants, en qui la famille se perpétue, leur fassent honneur. Et comment le pourraient-ils mieux faire qu'en se dotant, grâce à l'éducation, des prestiges de la science et de la culture ? Aucun sacrifice n'est trop grand pour un si haut dessein.

15. Rabelais : l'honneur du nom.

« Très cher fils,

« Entre les dons, grâces et prérogatives desquelles le souverain plasmateur[1] Dieu tout puissant a endouairé[2] et orné l'humaine nature à son commencement, celle me semble singulière et excellente par laquelle elle peut, en état mortel, acquérir espèce d'immortalité, et, en décours[3] de vie transitoire, perpétuer son

---

1. *Plasmateur* : créateur ; 2. *Endouairé* : doté ; 3. *En décours* : au cours de.

46 — IDÉAUX PÉDAGOGIQUES

nom et sa semence, ce qu'est fait par lignée issue de nous en mariage légitime. [...]

« Non donc sans juste et équitable cause je rends grâces à Dieu, mon conservateur, de ce qu'il m'a donné pouvoir voir mon antiquité chenue refleurir en ta jeunesse ; car quand, par le plaisir de lui, qui tout régit et modère[1], mon âme laissera cette habitation humaine, je ne me réputerai totalement mourir, ains[2] passer d'un lieu en autre, attendu que, en toi et par toi, je demeure en mon image visible en ce monde, vivant, voyant et conversant entre[3] gens d'honneur et mes amis, comme je soulais[4]. Laquelle mienne conversation a été, moyennant l'aide et grâce divine, non sans péché, je le confesse (car nous péchons tous et continuellement requérons à Dieu qu'il efface nos péchés), mais sans reproche.

« Par quoi, ainsi comme[5] en toi demeure l'image de mon corps, si pareillement ne reluisaient les mœurs de l'âme, l'on ne te jugerait être garde et trésor[6] de l'immortalité de notre nom, et le plaisir que prendrais ce voyant serait petit, considérant que la moindre partie de moi, qui est le corps, demeurerait, et la meilleure, qui est l'âme, et par laquelle demeure notre nom en bénédiction entre les hommes, serait dégénérante[7] et abâtardie. Ce que je ne dis par défiance que j'aie de ta vertu, laquelle m'a été jà par ci-devant éprouvée, mais pour plus fort t'encourager à profiter de bien en mieux. [...]

« A laquelle entreprise parfaire et consommer, il te peut assez souvenir comment je n'ai rien épargné ; mais ainsi y ai-je secouru comme si je n'eusse autre trésor en ce monde que de te voir une fois[8] en ma vie absolu[9] et parfait tant en vertu, honnêteté et prudhommie[10], comme en tout savoir libéral et honnête, et tel te laisser après ma mort comme un miroir représentant la personne de moi ton père, et sinon tant excellent et tel de fait comme je te souhaite, certes bien tel en désir[11]. »

Pantagruel, livre II, chap. VIII (1532).

---

1. *Modérer* : gouverner ; 2. *Ains* : mais au contraire ; 3. *Converser entre* : fréquenter (sens latin) ; 4. *Souloir* : avoir coutume ; 5. *Ainsi comme* : de même que ; 6. *Trésor* : dépôt ; 7. *Dégénérer* : se dégrader ; 8. *Une fois* : un jour ; 9. *Absolu* : achevé ; 10. *Prudhommie* : sagesse ; 11. Opposition entre la perfection de fait, qui est inaccessible, et l'élan vers la perfection.

QUESTIONS

15. Étudiez dans ce texte le rapport fils-père. Mettez-le en parallèle avec celui qu'expose Montherlant dans le *Fils de personne*.

Or, d'immenses trésors de science et de sagesse viennent de s'ouvrir. Comme ses contemporains, Rabelais exalte avec enthousiasme les temps nouveaux, qui s'opposent aux ténèbres scolastiques.

16. Rabelais : une ère nouvelle s'ouvre.

« Encore que mon feu père, de bonne mémoire, Grandgousier, eût adonné[1] tout son étude[2] à ce que je profitasse en toute perfection et savoir politique et que mon labeur et étude correspondît très bien, voire encore outrepassât son désir, toutefois, comme tu peux bien entendre, le temps n'était tant idoine ni commode ès lettres comme est de présent, et n'avais copie[3] de tels précepteurs comme tu as eu. Le temps était encore ténébreux et sentant l'infélicité et calamité des Goths[4] qui avaient mis à destruction toute bonne littérature. Mais, par la bonté divine, la lumière et dignité a été de mon âge rendue ès lettres, et y vois tel amendement que de présent à[5] difficulté serais-je reçu en la première classe des petits grimauds, qui[6], en mon âge viril étais (non à tort) réputé le plus savant dudit siècle.

« Ce que je ne dis par jactance vaine, encore que je le puisse louablement faire en t'écrivant, comme tu as l'autorité de Marc Tulle[7] en son livre de *Vieillesse*, et la sentence de Plutarque au livre intitulé *Comment on se peut louer sans envie*, mais pour te donner affection de plus haut tendre[8].

« Maintenant toutes disciplines sont restituées[9], les langues instaurées : grecque, sans laquelle c'est honte qu'une personne se dise savant; hébraïque, chaldaïque, latine. Les impressions tant élégantes et correctes, en usance[10], qui ont été inventées de mon âge par inspiration divine, comme, à contre-fil, l'artillerie[11] par suggestion diabolique. Tout le monde est plein de gens savants, de précepteurs très doctes, de librairies très amples, qu'il m'est avis que ni au temps de Platon, ni de Cicéron, ni de Papinien[12] n'était telle commodité d'étude qu'on y voit maintenant; et ne se faudra plus dorénavant trouver en place ni en compagnie, qui[13] ne sera bien expoli en l'officine de

---

1. *Adonner* : consacrer; 2. *Étude* : zèle; 3. *Copie* : abondance (latin *copia*); 4. *Goths* : les Barbares; 5. *A* : avec; 6. *Qui* : moi qui; 7. Cicéron, dans le *De senectute*, excuse le vieillard de parler de soi; 8. Désir d'aller au-delà; 9. *Restituer* : restaurer; 10. Les livres imprimés (sont) d'un usage courant; 11. L'invention de l'artillerie par utilisation de la poudre est de la fin du XIVe siècle (Berthold Schwartz). Celle de l'imprimerie est de 1436; 12. *Papinien* : grand juriste qui vécut sous le règne de Marc Aurèle (142-212); 13. *Qui* : si on.

L'Éducation de Gargantua.
Gravure de Gustave Doré pour une édition de Rabelais.

Minerve. Je vois les brigands, les bourreaux, les aventuriers, les palefreniers, de maintenant plus doctes que les docteurs et prêcheurs de mon temps.

« Que dirai-je ? Les femmes et filles ont aspiré à cette louange et manne céleste de bonne doctrine[1]. Tant y a qu'en l'âge où je suis, j'ai été contraint d'apprendre les lettres grecques, lesquelles je n'avais contemné[2] comme Caton[3], mais je n'avais eu loisir de comprendre en mon jeune âge, et volontiers me délecte à lire les Moraux[4] de Plutarque, les beaux dialogues de Platon, les Monuments de Pausanias[5] et Antiquités d'Atheneus[6], attendant l'heure qu'il plaira à Dieu mon créateur m'appeler et commander issir[7] de cette terre. »

Pantagruel, livre II, chap. VIII.

Devant cet enthousiasme de l'Antiquité redécouverte, comment s'étonner que Gargantua propose à son rejeton un programme encyclopédique ?

17. Rabelais : un plan d'études pour géant.

« Par quoi[8], mon fils, je t'admoneste qu'emploies ta jeunesse à bien profiter en étude et en vertus. Tu es à Paris, tu as ton précepteur Épistémon, dont l'un par vives et vocales instructions, l'autre par louables exemples[9], te peut endoctriner. J'entends et veux que tu apprennes les langues parfaitement, premièrement la grecque, comme le veut Quintilien, secondement la latine, et puis l'hébraïque pour les saintes lettres, et la chaldaïque et arabique[10] pareillement, et que tu formes ton

---

1. *Doctrine* : éducation ; 2. *Contemner* : mépriser (latin *contemnare*) ; 3. *Caton* l'Ancien combattit l'hellénisme pendant toute sa vie, mais se mit au grec dans ses dernières années ; 4. Œuvres morales ; 5. *Pausanias* : historien et érudit (IIe siècle apr. J.-C.) ; 6. *Atheneus* : érudit et compilateur (IIIe siècle apr. J.-C.) ; 7. *Issir* : sortir ; 8. *Par quoi* : c'est pourquoi ; 9. La capitale rassemble de grands hommes qu'il y a intérêt à imiter ; 10. Noter la mention faite de l'apport arabe (par exemple, Avicenne [XIe siècle] et Averroès [XIIe siècle]).

QUESTIONS

16. Peut-on dater approximativement la période où Rabelais situe l'enfance de Gargantua ? Rabelais n'a-t-il pas quelque peu oublié ces indications lorsque, trois ans après *Pantagruel*, il racontera l'éducation de Gargantua (voir *Gargantua*, chap. XXIII et XXIV) ?

Ne peut-on comparer les sentiments exprimés par Gargantua dans ce texte célèbre avec ceux que nos contemporains éprouvent devant l'« accélération de l'histoire » (voir G. Berger, texte n° 119) ? Analogies. Différences.

style, quant à la grecque, à l'imitation de Platon, quant à la latine, à Cicéron, qu'il n'y ait histoire que tu ne tiennes en mémoire présente, à quoi t'aidera la cosmographie[1] de ceux qui en ont écrit. Des arts libéraux, géométrie, arithmétique et musique, je t'en donnai quelque goût quand tu étais encore petit, en l'âge de cinq à six ans; poursuis le reste, et d'astronomie saches-en tous les canons[2]. Laisse-moi l'astrologie divinatrice et l'art de Lullius[3], comme abus et vanités. Du droit civil, je veux que tu saches par cœur les beaux textes et me les confères avec philosophie.

« Et quant à la connaissance des faits de nature, je veux que tu t'y adonnes curieusement[4] qu'il n'y ait mer, rivière ni fontaine dont tu ne connaisses les poissons; tous les oiseaux de l'air, tous les arbres, arbustes et fructices[5] des forêts, toutes les herbes de la terre, tous les métaux cachés au ventre des abîmes, les pierreries de tout Orient et Midi, rien ne te soit inconnu.

« Puis, soigneusement revisite les livres des médecins grecs, arabes et latins, sans contemner[6] les talmudistes et cabalistes[7], et par fréquentes anatomies[8] acquiers-toi parfaite connaissance de l'autre monde[9] qui est l'homme. Et par[10] quelques heures du jour commence à visiter les saintes lettres, premièrement en grec le Nouveau Testament et Épîtres des Apôtres, et puis en hébreu le Vieux Testament. Somme, que je voie un abîme de science[11], car dorénavant que tu deviens homme et te fais grand, il te faudra issir de cette tranquillité et repos d'étude et apprendre la chevalerie et les armes pour défendre ma maison et nos amis secourir en tous leurs affaires contre les assauts des malfaisants. Et veux que, de bref, tu essaies combien tu as profité, ce que tu ne pourras mieux faire que tenant conclusions[12] en tout savoir, publiquement, envers tous et contre tous, et hantant les gens lettrés qui sont tant à Paris comme ailleurs.

« Mais parce que, selon le sage Salomon, sapience n'entre point en âme malivole[13], et science sans conscience n'est que ruine de l'âme, il te convient servir, aimer et craindre Dieu

---

1. *Cosmographie* : histoire universelle; 2. *Canon* : loi; 3. Raymond Lulle, mystique espagnol du XIIIᵉ siècle que ses recherches sur l'« art chimique » rendirent suspect. Mais il fut aussi un grand théologien et écrivit en arabe pour la conversion des infidèles; 4. *Curieusement* : avec soin; 5. *Fructices* : buissons; 6. *Contemner* : voir la note 2 du texte 16, page 49; 7. Médecins juifs; 8. Elles furent longtemps interdites; 9. Le microcosme (voir Comenius, texte n° 28); 10. *Par* : pendant; 11. Relever cette expression révélatrice; 12. Soutenance contradictoire de thèses, qui confère aux candidats les grades universitaires; 13. *Malivole* : méchante (Proverbes, XIV, 6).

et en lui mettre toutes tes pensées et tout ton espoir, et par foi, formée de charité, être à lui adjoint, en sorte que jamais n'en sois désemparé[1] par péché. Aie suspects les abus du monde. Ne mets ton cœur à vanité, car cette vie est transitoire, mais la parole de Dieu demeure éternellement. Sois serviable à tous tes prochains et les aime comme toi-même. Révère tes précepteurs, fuis les compagnies de gens auxquels tu ne veux point ressembler, et, les grâces que Dieu t'a données, icelles ne reçois en vain. Et quand tu connaîtras que auras tout le savoir de par delà[2] acquis, retourne vers moi afin que je te voie et donne ma bénédiction devant que mourir.

« Mon fils, la paix et grâce de Notre Seigneur soit avec toi, amen. D'Utopie, ce dix-septième jour du mois de mars.

Ton père,
Gargantua. »

Ces lettres reçues et vues, Pantagruel prit nouveau courage et fut enflammé à profiter plus que jamais, en sorte que, le voyant étudier et profiter, eussiez dit que tel était son esprit entre les livres comme est le feu parmi les brandes, tant il l'avait infatigable et strident.

Pantagruel, livre II, chap. VIII.

Les idées pédagogiques de Rabelais vont se retrouver plus largement développées dans le *Gargantua*. La tendance encyclopédique s'y prolonge, mais, simultanément, on voit prendre forme une conception plus mondaine de l'éducation, inspirée du *Courtisan* de Castiglione : il s'agit toujours de former « un puits de science », mais aussi un homme du monde, apte à faire bonne figure en société et à y converser avec autant de sagesse que de grâce. C'est ce qu'illustre l'épisode du jeune Eudémon.

---

1. *Désemparer* : séparer; 2. *De par delà* : de là-bas.

QUESTIONS

17. Montrez le caractère excessif de ce programme, son encyclopédisme. Comment s'explique-t-il? Est-ce dire que la réflexion, le jugement n'y ont point de part?

Pour Rabelais, la science doit s'accorder avec la morale et la religion. N'existe-t-il pas de nos jours un problème comparable, celui de l'utilisation de la science atomique (cf. mouvement de Pugwash)?

18. Rabelais : une leçon de politesse.

> Grandgousier, « considérant le haut sens et merveilleux entendement de son fils Gargantua », l'avait confié à un docteur en théologie, maître Thubal Holopherne, qui lui « apprit sa charte si bien qu'il la disait par cœur à rebours », puis à un autre « vieux tousseux » nommé maître Jobelin Bridé, qui faillit l'abrutir.

A tant[1] son père aperçut que vraiment il étudiait très bien et y mettait tout son temps, toutefois qu'en rien ne profitait, et, que pis est, en devenait fou, niais, tout rêveux et rassoté.

De quoi se complaignant à don Philippe des Marays, vice-roi de Papeligosse, entendit que mieux lui vaudrait rien n'apprendre que tels livres sous tels précepteurs apprendre, car leur savoir n'était que bêterie, et leur sapience n'était que moufles[2], abâtardisant les bons et nobles esprits et corrompant toute fleur de jeunesse.

« Qu'ainsi soit, prenez, dit-il, quelqu'un de ces jeunes gens du temps présent, qui ait seulement étudié deux ans. En cas qu'il n'ait meilleur jugement[3], meilleures paroles, meilleur propos que votre fils, et meilleur entretien et honnêteté entre le monde, réputez-moi à jamais un taille-bacon[4] de la Brenne. »

Ce qui à Grandgousier plut très bien, et commanda qu'ainsi fût fait.

Au soir, en soupant, ledit des Marays introduit un sien jeune page de Villegongis, nommé Eudémon, tant bien testonné[5], tant bien tiré, tant bien épousseté, tant honnête en son maintien que trop mieux[6] ressemblait quelque petit angelot qu'un homme. Puis dit à Grandgousier :

« Voyez-vous ce jeune enfant ? il n'a encore douze ans. Voyons, si bon vous semble, quelle différence y a entre le savoir de vos rêveurs matéologiens du temps jadis et les jeunes gens de maintenant. »

L'essai plut à Grandgousier, et commanda que le page proposât[7]. Alors Eudémon, demandant congé de ce faire audit vice-roi son maître, le bonnet au poing, la face ouverte, la bouche vermeille, les yeux assurés, et le regard assis sur Gargantua avec modestie juvénile, se tint sur ses pieds et commença le louer et magnifier, premièrement de sa vertu et bonnes

---

1. *A tant* : alors ; 2. *Moufles* : niaiseries ; 3. Remarquer l'accent mis sur le jugement et la politesse ; 4. *Taille-bacon* : fanfaron ; 5. *Testonner* : coiffer ; 6. *Trop mieux* : beaucoup mieux ; 7. *Proposer* : montrer son savoir.

mœurs, secondement de son savoir, tiercement de sa noblesse, quartement de sa beauté corporelle, et, pour le quint, doucement l'exhortait à révérer son père en toute observance, lequel tant s'étudiait à bien le faire instruire; enfin le priait qu'il le voulût retenir pour le moindre de ses serviteurs, car autre don pour le présent ne requérait des cieux, sinon qu'il lui fût fait grâce de lui complaire en quelque service agréable.

Le tout fut par icelui proféré avec gestes tant propres, prononciation tant distincte, voix tant éloquente, et langage tant orné et bien latin, que mieux ressemblait un Gracchus, un Cicéron ou un Emilius du temps passé qu'un jouvenceau de ce siècle[1]. Mais toute la contenance de Gargantua fut qu'il se prit à pleurer comme une vache, et se cachait le visage de son bonnet, et ne fut possible de tirer de lui une parole.

Dont son père fut tant courroucé qu'il voulut occire maître Jobelin.

Gargantua, livre premier, chap. xv (1534).

> La philosophie de ce système d'éducation se manifeste avec une particulière netteté dans les derniers chapitres du livre, ceux qui retracent la fondation de la fameuse abbaye de Thélème.
>
> C'est une sorte de campus, où la plus entière liberté est de règle : nul problème de clôture, ni de droit de visite, ni d'horaire. C'est un idéal qui comble à l'avance les revendications les plus avancées des étudiants d'aujourd'hui.

19. Rabelais : fondation de l'abbaye de Thélème.

> Gargantua vient de récompenser royalement tous ceux qui ont eut part à sa victoire sur Picrochole.

Restait seulement le moine à pourvoir, lequel Gargantua voulait faire abbé de Seuillé, mais il le refusa. Il lui voulut donner l'abbaye de Bourgueil ou de Saint-Florent, laquelle mieux lui duirait[2], ou toutes deux, s'il les prenait à gré. Mais le moine lui fit réponse péremptoire que de moines il ne voulait charge ni gouvernement : « Car comment, disait-il, pourrai-je

---

1. Tout ce passage est à rapprocher de Castiglione (voir texte n° 1); **2.** *Duire* (ou *doire*) : convenir.

──────── **QUESTIONS** ────────

18. Montrez dans ce passage la juxtaposition de l'idéal antique (éloquence) et de celui de la Renaissance (politesse).

Ce texte ne constitue-t-il pas un bon exemple des corrélations entre l'école et la société ?

gouverner autrui, qui moi-même gouverner ne saurais? S'il vous semble que je vous aie fait, et que puisse à l'avenir faire service agréable, octroyez-moi de fonder une abbaye à mon devis[1]. » La demande plut à Gargantua, et offrit tout son pays de Thélème[2], jouxte la rivière de Loire, à deux lieues de la grande forêt du Port-Huault, et requit à Gargantua qu'il instituât sa religion[3] au contraire de toutes autres.

« Premièrement donc, dit Gargantua, il n'y faudra jà bâtir murailles au circuit, car toutes autres abbayes sont fièrement murées.

— Voire, dit le moine, et non sans cause : où mur y a, et devant, et derrière, y a force murmure, envie, et conspiration mutue[4]. »

Davantage, vu que en certains couvents de ce monde est en usance que si femme aucune y entre, on nettoie la place par laquelle elles ont passé, fut ordonné que si religieux ou religieuses y entraient par cas fortuit, on nettoierait curieusement[5] tous les lieux par lesquels auraient passé, et parce que ès religions de ce monde tout est compassé, limité et réglé par heures, fut décrété que là ne serait horloge, ni cadran aucun. Mais, selon les occasions et opportunités, seraient toutes les œuvres dispensées. « Car, disait Gargantua, la plus vraie perte du temps qu'il sût était de compter les heures. Quel bien en vient-il? et la plus grande rêverie du monde était soi gouverner au son d'une cloche, et non au dicté de bon sens et entendement. »

Item, parce qu'en icelui temps on ne mettait en religion des femmes, sinon celles qu'étaient borgnes, boiteuses, bossues, laides, défaites, folles, insensées, maléficiées et tarées, ni les hommes, sinon catarrés, mal nés, niais et empêche de maison...

« A propos, dit le moine, une femme qui n'est ni belle ni bonne, à quoi vaut toile[6]?

— A mettre en religion, dit Gargantua.

— Voire, dit le moine, et à faire des chemises. »

Fut ordonné que là ne seraient reçues, sinon les belles, bien formées et bien naturées, et les beaux, bien formés et bien naturés.

Item, parce que ès couvents des femmes n'entraient les hommes, fut décrété que jà ne seraient là les femmes au cas

---

1. *Devis* : place; 2. *Thélème* : le pays où l'on fait ce que l'on veut (*thelema* : libre décision); 3. *Religion* : règle; 4. L'interdit engendre la rébellion (voir texte n° 20 : *enfreindre le joug de servitude*); 5. *Curieusement* : voir la note 4 du texte n°17, page 50; 6. Ouvre une parenthèse pour un jeu de mots: *à quoi vaut toile?* (prononcez *à quoi vaut-elle?*).

que n'y fussent les hommes, ni les hommes en cas qui n'y fussent les femmes.

Item, parce que tant hommes que femmes, une fois reçues en religion, après l'an de probation, étaient forcés et astreints y demeurer perpétuellement leur vie durante, fut établi que tant hommes que femmes là reçus sortiraient quand bon leur semblerait, franchement et entièrement.

Item, parce que ordinairement les religieux faisaient trois vœux, savoir est de chasteté, pauvreté et obédience, fut constitué que là honorablement on pût être marié, que chacun fût riche et vécût en liberté. Au regard de l'âge légitime, les femmes y étaient reçues depuis dix jusques à quinze ans, les hommes, depuis douze jusques à dix et huit.

Gargantua, livre premier, chap. LII.

Cette pédagogie de la spontanéité et de la liberté totale s'appuie sur une philosophie optimiste de l'homme, celle que l'on aimait à trouver chez les Anciens et que l'on se plaisait à opposer au pessimisme radical et au dogmatisme autoritaire du christianisme médiéval.

20. Rabelais : la règle de Thélème.

Toute leur vie était employée[1], non par lois, statuts ou règles, mais selon leur vouloir et franc arbitre. Se levaient du lit quand bon leur semblait, buvaient, mangeaient, travaillaient, dormaient quand le désir leur venait. Nul ne les éveillait, nul ne les parforçait ni à boire, ni à manger, ni à faire chose autre quelconques. Ainsi l'avait établi Gargantua. En leur règle n'était que cette clause :

FAIS CE QUE VOUDRAS,

parce que gens libérés[2], bien nés, bien instruits, conversant en compagnies honnêtes, ont par nature un instinct et aiguillon

---

1. *Employer* : régler; 2. *Libérés* : libres. Réminiscence de la doctrine d'Aristote, qui divise l'humanité en deux parties : ceux qui ont par nature (bien nés) l'intelligence et la force d'âme qui les destinent à être des hommes libres, et ceux qui, par leur ignorance et leur lâcheté naturelles, ne sont bons qu'à être commandés et asservis. Voir Montaigne, « Nouveaux Classiques Larousse », *Essais* (extraits, volume I, page 71, lignes 648-664).

QUESTIONS

19. Montrez comment la règle de Thélème prend le contre-pied en tout point des règles monastiques. Actualité de cette attitude fondée sur la condamnation de tout ordre imposé, de toute contrainte, dite « répression ».

qui toujours les pousse à faits vertueux et retire de vice, lequel ils nommaient honneur[1]. Iceux, quand par vile sujétion et contrainte sont déprimés[2] et asservis, détournent la noble affection[3] par laquelle à vertu franchement tendaient, à déposer et enfreindre ce joug de servitude, car nous entreprenons toujours choses défendues et convoitons ce que nous est dénié[4].

Par cette liberté, entrèrent en louable émulation de faire tous ce qu'à un seul voyaient plaire. Si quelqu'un ou quelqu'une disait : « Buvons », tous buvaient. Si disait : « Jouons », tous jouaient. Si disait : « Allons à l'ébat ès champs », tous y allaient. Si c'était pour voler[5] ou chasser, les dames, montées sur belles haquenées[6], avec leur palefroi[7] gorrier[8], sur le poing mignonnement engantelé, portaient chacune ou un épervier, ou un laneret, ou un émerillon; les hommes portaient les autres oiseaux.

Tant noblement étaient appris[9] qu'il n'était entre eux celui ni celle qui ne sût lire, écrire, chanter, jouer d'instruments harmonieux, parler de cinq à six langages, et en iceux composer, tant en carmes[10] qu'en oraison solue[11]. Jamais ne furent vus chevaliers tant preux, tant galants, tant dextres à pied et à cheval, plus verts, mieux remuants, mieux maniants tous bâtons[12], que là étaient. Jamais ne furent vues dames tant propres[13], tant mignonnes, moins fâcheuses, plus doctes à la main, à l'aiguille, à tout acte muliebre[14] honnête et libre, que là étaient. Par cette raison quand le temps venu était que aucun[15] d'icelle abbaye, ou à la requête de ses parents, ou pour autre cause, voulût issir[16] hors, avec soi il emmenait une des dames, celle laquelle l'aurait pris pour son dévot, et étaient ensemble mariés; et si bien avaient vécu à Thélème en dévotion[17] et amitié, encore mieux la continuaient-ils en mariage; d'autant s'entr'aimaient-ils à la fin de leurs jours comme le premier de leurs noces.

Gargantua, livre premier, chap. LVII.

---

1. Voir : Molière, texte n° 36, vers 7; Locke, texte n° 45; 2. *Déprimer* : abaisser; 3. *Affection* : passion; 4. *Dénier* : interdire; 5. *Voler* : chasser à l'aide d'oiseaux de proie dressés; 6. *Haquenée* : cheval de promenade pour dame; 7. *Palefroi* : cheval de parade; 8. *Gorrier* : richement harnaché. Il s'agit d'équipages somptueux; 9. *Apprendre* : instruire; 10. *Carme* : poésie (latin *carmen*); 11. *Oraison solue* : prose; 12. Armes en général; 13. *Propre* : élégante; 14. *Acte muliebre* : travail féminin (latinisme); 15. *Aucun* : quelqu'un; 16. *Issir* : voir la note 7 du texte 16, page 49; 17. *Dévotion* : dévouement.

QUESTIONS

Question 20, v. p. 57.

II. LA PÉRIODE CLASSIQUE

Des idéaux pédagogiques de la Renaissance, on passe, par une transition insensible, à ceux de l'époque classique.

Mais le plan d'étude s'est désencombré. A la boulimie d'érudition des premiers temps a succédé le besoin d'actualiser le patrimoine légué par l'Antiquité. De plus en plus, on insiste dans l'éducation sur l'aptitude personnelle à former des vérités nouvelles.

Mais une différenciation assez nette s'affirme et s'élargit entre deux types d'éducation.

Le premier s'ajuste mieux aux pays catholiques, généralement régis par des régimes absolutistes. Là on se propose de former une élite cultivée, nourrie d'humanités, mais dont l'ambition se limite aux plaisirs d'une vie mondaine raffinée. La critique de l'autorité, autant que la participation aux affaires publiques, reste en dehors du champ d'intérêt. C'est l'éducation que définit la *Ratio studiorum* des jésuites.

Le second type se développe dans les pays protestants, d'esprit plus libéral. Non seulement l'accès à l'école y est plus large, mais encore on y cultive un intérêt plus attentif aux affaires publiques et un goût plus net de la participation civique. C'est dans ce contexte qu'il faut placer l'œuvre pédagogique de Comenius.

Montaigne déjà avait inauguré avec éclat les grandes orientations du XVIIe siècle.

Dans son chapitre des *Essais* « De l'institution des enfants », il précise d'entrée qu'il ne prétend à aucune compétence scientifique ou technique. En véritable honnête homme, il ne se pique, en ce domaine comme dans d'autres, que de vues générales, témoignant d'un jugement d'ensemble sur la question.

QUESTIONS

20. Dans quelle mesure ce texte, complétant le précédent, présente-t-il l'aspect positif du principe de la spontanéité absolue?
Sur quoi est fondé cet ordre nouveau?
Quelle est la conception de l'homme sur laquelle se fonde la doctrine de Rabelais? Analogie de cette doctrine avec les idées de Tolstoï et des défenseurs des méthodes actives (voir textes n°s 91, 92, 93, 109).
Quels sont, selon ce texte, les méfaits de l'autorité et les bienfaits de la liberté?
La règle de Thélème vous paraît-elle réaliste?

21. Montaigne : à la française.

Je vois mieux que tout autre que ce ne sont ici que rêveries d'homme qui n'a goûté des sciences que la croûte première en son enfance, et n'en a retenu qu'un général et informe visage[1] : un peu de chaque chose, et rien du tout[2], à la française. Car en somme, je sais qu'il y a une médecine, une jurisprudence, quatre parties en la mathématique[3], et grossièrement ce à quoi elles visent; et à l'aventure encore sais-je la prétention des sciences en général au service de notre vie[4] : mais d'y enfoncer plus avant, de m'être rongé les ongles à l'étude d'Aristote, monarque de la doctrine moderne, ou opiniâtré après quelque science, je ne l'ai jamais fait; ni n'est art[5] de quoi je pusse peindre seulement les premiers linéaments; et n'est enfant des classes moyennes qui ne se puisse dire plus savant que moi, qui n'ai seulement pas de quoi l'examiner sur sa première leçon; et si l'on m'y force, je suis contraint, assez ineptement[6], d'en tirer quelque matière de propos universel, sur quoi j'examine son jugement naturel : leçon qui leur est autant inconnue comme à moi la leur.

Essais, livre premier, chap. XXVI (1580).

> Pour Montaigne, la formation du jugement est l'objet et la fin de toute éducation. Aussi, le maître évitera-t-il, dans toute la mesure du possible, d'enseigner. Plus que sa science, ce qui importe, c'est son art de faire parler l'élève. Ainsi le veut la maïeutique socratique, l'éducation par le dialogue.

22. Montaigne : un nouvel art d'accoucher les esprits.

A un enfant de maison[7], qui recherche les lettres, non pour le gain[8] (car une fin si abjecte[9] est indigne de la grâce et faveur

---

1. *Visage :* aspect; 2. *Du tout :* à fond. Faire la part de la modestie et de l'ironie dans tout ce passage; 3. Arithmétique, géométrie, musique, astronomie; 4. Descartes demandera aux sciences de nous rendre « maîtres et possesseurs de la nature »; 5. *Art :* discipline; 6. *Ineptement :* d'une manière imprévue; 7. *De maison :* de famille noble; 8. Montaigne laisse hors de question l'enseignement professionnel ou technique; 9. *Abjecte :* basse — parce qu'exclusivement pratique.

───── **QUESTIONS** ─────

21. Ne peut-on dégager de ce texte une définition de la culture générale, dans la mesure où elle s'oppose à la science du spécialiste (voir Comenius, texte n° 30)?
Pensez-vous que cette attitude soit typiquement *française?*

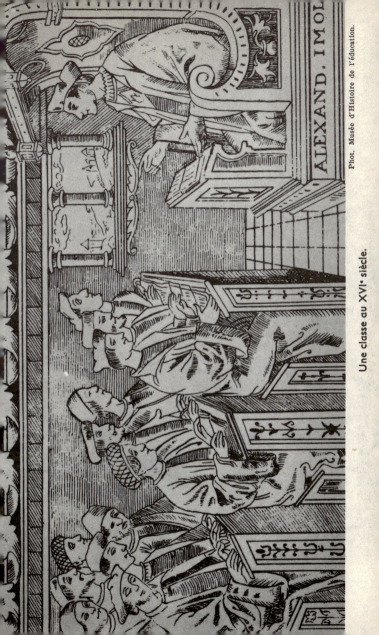

Phot. Musée d'Histoire de l'éducation.

Une classe au XVIe siècle.

Chœur d'étudiants et de chantres.
Miniature polonaise du *Graduel d'Olbracht* (1506).

des Muses, et puis elle regarde et dépend d'autrui[1]), ni tant pour les commodités externes que pour les siennes propres, et pour s'en enrichir et parer au dedans, ayant plutôt envie d'en réussir[2] habile[3] homme qu'homme savant, je voudrais aussi qu'on fût soigneux de lui choisir un conducteur qui eût plutôt la tête bien faite que bien pleine, et qu'on y requît tous les deux, mais plus les mœurs et l'entendement que la science, et qu'il se conduisît en sa charge d'une nouvelle manière.

On ne cesse de criailler à nos oreilles, comme qui verserait dans un entonnoir; et notre charge, ce n'est que redire ce qu'on nous a dit : je voudrais qu'il corrigeât cette partie, et que, de belle arrivée[4], selon la portée de l'âme qu'il a en main, il commençât à la mettre sur la montre[5], lui faisant goûter les choses, les choisir et discerner d'elle-même, quelquefois lui ouvrant le chemin, quelquefois le lui laissant ouvrir. Je ne veux pas qu'il invente et parle seul : je veux qu'il écoute son disciple parler à son tour. Socrate et, depuis, Arcésilaus[6] faisaient premièrement parler leurs disciples, et puis ils parlaient à eux. *Obest plerumque iis, qui discere volunt, auctoritas eorum qui docent*[7]. Il est bon qu'il le fasse trotter devant lui, pour juger de son train et juger jusques à quel point il se doit ravaler pour s'accommoder à sa force. A faute de cette proportion, nous gâtons tout[8]; et de la savoir choisir et s'y conduire bien mesurément, c'est une des plus ardues besognes que je sache; et est l'effet d'une haute âme et bien forte, savoir condescendre à ces allures puériles et les guider. Je marche plus ferme et plus sûr à mont qu'à val.

Essais, livre premier, chap. XXVI.

Une vérité que l'esprit accueille d'autorité y restera toujours un corps étranger. Ce qu'il a compris devient sa

---

1. C'est-à-dire l'employeur; **2.** *Réussir :* devenir; **3.** *Habile :* cultivé (voir Pascal, texte n° 42); **4.** *Arrivée :* dès l'abord; **5.** *Montre :* emplacement bien aplani où les marchands présentent les chevaux à vendre; **6.** *Arcésilaus :* philosophe grec de la tendance sceptique, issue de l'enseignement socratique; **7.** « L'autorité du maître bien souvent paralyse ceux qui veulent apprendre »; **8.** Voir Comenius, texte n° 31.

— QUESTIONS —

22. L'éducation moderne peut-elle faire abstraction de la considération du *gain*? Quels sont les problèmes qui résultent des conditions actuelles?

L'intérêt des leçons de Montaigne s'en trouve-t-il réduit? Sous quelles formes nouvelles les retrouve-t-on dans la pédagogie d'aujourd'hui (voir Ferrière, texte n° 109, et Berger, texte n° 119)?

substance propre et lui appartient autant qu'à son premier auteur.

23. Montaigne : comprendre, c'est s'approprier.

Qu'il lui fasse tout passer par l'étamine[1], et ne loge rien en sa tête par simple autorité et à crédit. Les principes d'Aristote ne lui soient principes, non plus que ceux des Stoïciens ou Épicuriens. Qu'on lui propose cette diversité de jugements, il choisira, s'il peut : sinon il en demeurera en doute :

Che, non men che saper, dubbiar m'aggrata[2].

Car s'il embrasse les opinions de Xénophon et de Platon par son propre discours, ce ne seront plus les leurs, ce seront les siennes. Qui suit un autre, il ne suit rien, il ne trouve rien, voire il ne cherche rien. *Non sumus sub rege; sibi quisque se vindicet*[3]. Qu'il sache qu'il sait, au moins. Il faut qu'il emboive leurs humeurs[4]; non qu'il apprenne leurs préceptes; et qu'il oublie hardiment, s'il veut, d'où il les tient, mais qu'il se les sache approprier. La vérité et la raison sont communes à un chacun[5], et ne sont non plus à qui les a dites premièrement qu'à qui les dit après : ce n'est non plus selon Platon que selon moi, puisque lui et moi l'entendons et voyons de même. Les abeilles pillotent de çà, de là les fleurs; mais elles en font après le miel, qui est tout leur : ce n'est plus thym ni marjolaine. Ainsi les pièces empruntées d'autrui, il les transformera et confondra pour en faire un ouvrage tout sien, à savoir son jugement. Son institution, son travail et étude ne vise qu'à le former. Qu'il cèle tout ce de quoi il a été secouru, et ne produise[6] que ce qu'il en a fait. Les pilleurs, les emprunteurs mettent en parade leurs bâtiments, leurs achats, non pas ce qu'ils tirent d'autrui; vous ne voyez pas les épices[7] d'un homme de parlement : vous voyez les alliances qu'il a gagnées, et honneurs à ses enfants. Nul ne met en compte public sa recette; chacun y met son acquêt.

Le gain de notre étude, c'est en être devenu meilleur et plus sage. C'est, disait Épicharmus[8], l'entendement qui voit et qui

---

1. *Étamine* : pièce d'étoffe qui sert à filtrer. Entendre qu'il faut réduire toute affirmation à ses composantes élémentaires (cf. règles de la méthode chez Descartes); 2. « Aussi bien que savoir, douter a son mérite » (Dante, *Inferno*, XI, 93); 3. « Nous ne sommes pas assujettis à un roi; c'est à chacun de répondre pour soi »; 4. Qu'il se pénètre de leurs aspirations; 5. Voir Descartes : « Le bon sens est la chose la mieux partagée »; 6. *Produire* : montrer; 7. *Épices* : salaire; 8. *Epicharmus* : auteur comique grec (ve siècle av. J.-C.).

oit, c'est l'entendement qui approfite[1] tout, qui dispose tout, qui agit, qui domine et qui règne; toutes autres choses sont aveugles, sourdes et sans âme. Certes, nous le rendons servile et couard, pour ne lui laisser la liberté de rien faire de soi.

Qui demanda jamais à son disciple ce qu'il lui semble de la rhétorique et de la grammaire, de telle ou telle sentence de Cicéron? On nous les plaque en la mémoire toutes empennées[2], comme des oracles, où les lettres et les syllabes sont de la substance de la chose. Savoir par cœur n'est pas savoir : c'est tenir ce qu'on a donné en garde à sa mémoire. Ce qu'on sait droitement, on en dispose, sans regarder au patron, sans tourner les yeux vers son livre. Fâcheuse suffisance, qu'une suffisance pure livresque! Je m'attends qu'elle serve d'ornement, non de fondement, suivant l'avis de Platon, qui dit : « La fermeté, la foi, la sincérité être la vraie philosophie; les autres sciences, et qui visent ailleurs, n'être que fard. »

Essais, livre premier, chap. XXVI.

Une telle ouverture d'esprit suppose une large connaissance des hommes et du monde. Pour combattre les préjugés à courte vue, rien ne vaut le contact avec d'autres nations. Cette expérience ramène nos problèmes à leur juste dimension.

24. Montaigne : le grand livre du monde.

Il se tire une merveilleuse clarté, pour le jugement humain, de la fréquentation du monde[3] : nous sommes tous contraints et amoncelés en nous[4], et avons la vue raccourcie à la longueur de notre nez. On demandait à Socrate d'où il était; il ne répondit pas : « d'Athènes », mais : « du monde ». Lui, qui avait l'imagination plus pleine et plus étendue, embrassait l'univers comme sa ville, jetait ses connaissances, sa société et ses affections à tout le genre humain; non pas comme nous, qui ne regardons que sous nous. Quand les vignes gèlent en mon

---

1. *Approfiter :* tirer profit de; **2.** *Empennées :* sans avoir été plumées; d'où, savoir indigeste; **3.** Au sens géographique; **4.** Pour couvrir le moins de surface possible.

─────── **QUESTIONS** ───────

23. Que signifie *s'approprier* le savoir d'autrui? Où réside la hardiesse de ces formules de Montaigne, même aujourd'hui?

village, mon prêtre en argumente l'ire de Dieu sur la race humaine et juge que la pépie[1] en tienne déjà les Cannibales. A voir nos guerres civiles[2], qui ne crie que cette machine se bouleverse et que le jour du jugement nous prend au collet, sans s'aviser que plusieurs pires choses se sont vues et que les dix mille parts[3] du monde ne laissent pas de galer le bon temps[4] cependant? moi, selon leur licence et impunité, admire de les voir si douces et molles[5]. A qui il grêle sur la tête tout l'hémisphère semble être en tempête et orage, et disait le Savoyard que « si ce sot de roi de France eût su bien conduire sa fortune, il était homme pour devenir maître d'hôtel de son duc » : son imagination ne concevait autre plus élevée grandeur que celle de son maître. Nous sommes insensiblement tous en cette erreur, erreur de grande suite et préjudice. Mais qui se présente comme dans un tableau cette grande image de notre mère nature en son entière majesté; qui lit en son visage une si générale et constante variété[6]; qui se remarque là-dedans, et non soi, mais tout un royaume, comme un trait d'une pointe très délicate[7], celui-là seul estime les choses selon leur juste grandeur.

Ce grand monde, que les uns multiplient encore comme espèce sous un genre[8], c'est le miroir où il nous faut regarder pour nous connaître de bon biais. Somme, je veux que ce soit le livre de mon écolier.

Essais, livre premier, chap. XXVI.

> Après ces propos, on conçoit que Montaigne s'élève énergiquement contre un enseignement trop casanier, qui fait de l'élève un tâcheron écrasé par sa besogne, surtout s'il s'y mêle les brutalités de la discipline scolastique.

---

1. Puisqu'il n'y aura pas de vin; 2. C'est-à-dire les guerres de Religion; 3. La plus grande partie; 4. Se donner du bon temps; 5. Montaigne s'étonne que les désordres soient relativement supportables, malgré l'impunité dont ils bénéficient; 6. Le meilleur remède contre l'étroitesse d'esprit; 7. Raison d'être modeste; 8. Un genre comprend plusieurs espèces. Penser à la notion de la pluralité des mondes qui se trouve déjà chez Lucrèce.

QUESTIONS

24. A quoi est due, selon Montaigne, l'étroitesse d'esprit? Analysez les mérites de ses exemples : actualité, réalisme, humour.

Connaissez-vous d'autres formes d'étroitesse d'esprit?

Quel est le texte de Pascal manifestement inspiré par cet appel à la fréquentation du monde? Les intentions des deux auteurs sont-elles les mêmes dans les deux cas?

25. Montaigne : une sévère douceur.

Je ne veux pas qu'on emprisonne[1] ce garçon; je ne veux pas qu'on l'abandonne à la colère et humeur mélancolique d'un furieux[2] maître d'école; je ne veux pas corrompre son esprit à le tenir à la géhenne et au travail, à la mode des autres, quatorze ou quinze heures par jour, comme un portefaix[3]; ni ne trouverais bon, quand, par quelque complexion solitaire et mélancolique, on le verrait adonné d'une application trop indiscrète[4] à l'étude des livres, qu'on la lui nourrit : cela les rend ineptes à la conversation civile[5], et les détourne de meilleures occupations. Et combien ai-je vu de mon temps d'hommes abêtis par téméraire[6] avidité de science? Carnéades[7] s'en trouva si affolé qu'il n'eut plus le loisir de se faire le poil et les ongles. Ni ne veux gâter ses mœurs généreuses par l'incivilité et barbarie d'autrui. La sagesse française a été anciennement, en proverbe, pour une sagesse qui prenait de bonne heure et n'avait guère de tenue[8]. A la vérité, nous voyons encore qu'il n'est rien si gentil que les petits enfants en France; mais ordinairement ils trompent l'espérance qu'on en a conçue; et, hommes faits, on n'y voit aucune excellence. J'ai ouï tenir[9] à gens d'entendement que ces collèges où on les envoie, de quoi ils[10] ont foison, les abrutissent ainsi.

Au nôtre, un cabinet, un jardin, la table et le lit, la solitude, la compagnie, le matin et le vêpre[11], toutes heures lui seront unes[12], toutes places lui seront étude : car la philosophie, qui, comme formatrice des jugements et des mœurs, sera sa principale leçon, a ce privilège de se mêler partout. [...]

Ainsi sans doute il chômera moins que les autres. Mais, comme les pas que nous employons à nous promener dans une galerie, quoiqu'il y en ait trois fois autant, ne nous lassent pas comme ceux que nous mettons à quelque chemin desseigné[13], aussi notre leçon, se passant comme par rencontre, sans obligation de temps et de lieu, et se mêlant à toutes nos actions, se coulera sans se faire sentir[14]; les jeux mêmes et les exercices

---

1. Voir Rousseau, texte n° 58; 2. Voir Érasme, texte n° 10; 3. Condamnation significative de ce que nous appelons vulgairement le « bûcheur »; 4. *Indiscrète* : qui manque de discernement; 5. *Conversation civile* : vie en société; 6. *Téméraire* : immodéré; 7. *Carnéade* : philosophe grec de la nouvelle Académie (IIIe-IIe siècle); 8. *Tenue* : durée, solidité. Notre réputation de légèreté n'est pas d'hier; 9. *Tenir* : soutenir; 10. Pronom indéterminé mis pour *on*; 11. *Vêpre* : soir (latin *vesper*). Nous parlons, pour les offices religieux de la soirée, des vêpres; 12. Identiques; 13. *Desseigner* : imposer; 14. Voir Locke, texte n° 45.

66 — IDÉAUX PÉDAGOGIQUES

seront une bonne partie de l'étude : la course, la lutte, la musique, la danse, la chasse, le maniement des chevaux et des armes. Je veux que la bienséance extérieure[1] et l'entregent et la disposition de la personne se façonne quand et quand[2] l'âme. Ce n'est pas une âme, ce n'est pas un corps qu'on dresse, c'est un homme ; il n'en faut pas faire à deux[3] ; et, comme dit Platon[4], il ne faut pas les dresser l'un sans l'autre, mais les conduire également, comme une couple de chevaux attelés à même timon ; et à l'ouïr, semble-t-il pas prêter plus de temps et de sollicitude aux exercices du corps et estimer que l'esprit s'en exerce quand et quand[2], et non au contraire ?

Au demeurant, cette institution se doit conduire par une sévère douceur, non comme il se fait : au lieu de convier les enfants aux lettres, on ne leur présente à la vérité qu'horreur et cruauté. Otez-moi la violence et la force[5] : il n'est rien, à mon avis, qui abâtardisse et étourdisse si fort une nature bien née. Si vous avez envie qu'il craigne la honte et le châtiment, ne l'y endurcissez pas : endurcissez-le à la sueur et au froid, au vent, au soleil et aux hasards qu'il lui faut mépriser ; ôtez-lui toute mollesse et délicatesse au vêtir et coucher, au manger et au boire, accoutumez-le à tout : que ce ne soit pas un beau garçon et dameret, mais un garçon vert et vigoureux. Enfant, homme vieil, j'ai toujours cru et jugé de même.

Essais, livre premier, chap. XXVI.

Que résultera-t-il d'une telle éducation ? D'abord un jeune homme qui, spontanément, appliquera dans sa conduite les préceptes de sagesse que son éducation lui a dévoilés. Ensuite, un homme du monde, paré d'une élégance naturelle dans sa parole et son maintien.

---

1. Les bonnes manières ; 2. *Quand et quand :* en même temps que ; 3. Il ne faut pas les séparer (locution gasconne) ; 4. C'est le fameux mythe de l'attelage (*Phèdre*, 246 a-d). Il a d'ailleurs un sens différent de celui que Montaigne lui attribue ; 5. Voir Locke, texte n° 44.

— QUESTIONS —

25. Comment expliquez-vous que Montaigne puisse, d'une part, condamner *la mode des autres, quatorze ou quinze heures par jour* (lignes 4-5), et, d'autre part, affirmer que son élève *chômera moins que les autres ?* Pour la solution, voir Rabelais, texte n° 20.

Que pensez-vous de la condamnation du savoir livresque et de l'éducation des *collèges ?*

26. Montaigne : la sagesse et l'aisance d'un gentilhomme accompli.

Il ne dira pas tant sa leçon, comme il la fera. Il la répétera en ses actions : on verra s'il y a de la prudence en ses entreprises ; s'il y a de la bonté, de la justice en ses déportements[1] ; s'il y a du jugement et de la grâce en son parler, de la vigueur en ses maladies, de la modestie[2] en ses jeux, de la tempérance en ses voluptés, de l'ordre en son économie[3], de l'indifférence en son goût, soit chair, poisson, vin ou eau[4]. *Qui disciplinam suam non ostentationem scientiae, sed legem vitae putet : quique obtemperet ipse sibi, et decretis pareat*[5]. Le vrai miroir[6] de nos discours est le cours de nos vies. Zeuxidamus répondit à un qui lui demanda pourquoi les Lacédémoniens ne rédigeaient par écrit les ordonnances de la prouesse[7] et ne les donnaient à lire à leurs jeunes gens, que c'était parce qu'ils les voulaient accoutumer aux faits, non pas aux paroles. Comparez, au bout de quinze ou seize ans, à cettui-ci un de ces latineurs de collège[8] qui aura mis autant de temps à n'apprendre simplement qu'à parler. Le monde n'est que babil, et ne vis jamais homme qui ne die plutôt plus que moins qu'il ne doit. Toutefois la moitié de notre âge s'en va là : on nous tient quatre ou cinq ans à entendre les mots et les coudre en clauses[9] ; encore autant à en proportionner un grand corps, étendu en quatre ou cinq parties ; et autres cinq, pour le moins, à les savoir brièvement mêler et entrelacer de quelque subtile façon : laissons-le à ceux qui en font profession expresse. [...]

Or, nous qui cherchons ici, au rebours, de former non un grammairien ou logicien, mais un gentilhomme, laissons-les abuser de leur loisir : nous avons affaire ailleurs. Mais que notre disciple soit bien pourvu de choses, les paroles ne suivront que trop : il les traînera, si elles ne veulent suivre. J'en oy qui s'excusent de ne se pouvoir exprimer, et font contenance d'avoir la tête pleine de plusieurs belles choses, mais, à faute d'éloquence, ne les pouvoir mettre en évidence : c'est une baie[11]. Savez-vous, à mon avis, que c'est que cela ? Ce sont des ombrages[12], qui leur viennent de quelques conceptions informes,

---

1. *Déportement* : action, conduite ; 2. *Modestie* : modération ; 3. *Économie* : organisation de ses dépenses ; 4. Voir texte précédent (fin) ; 5. « Un homme qui trouve dans sa science une règle de vie et non une occasion d'étaler ses connaissances, qui obéisse à lui-même et suive sa propre loi » ; 6. *Miroir* : illustration ; 7. Les règles de l'héroïsme ; 8. Toujours la même hargne contre une éducation purement verbale ; voir texte nº 24 ; 9. *Clause* : formule ; 10. Les exercices de composition et de stylistique ; 11. *Baie* : tromperie ; 12. *Ombrages* : images confuses.

Le collège de Sorbonne en 1550.
Lithographie de Fourquemin.

Phot. Larousse.

qu'ils ne peuvent démêler et éclaircir au dedans, ni par conséquent produire au dehors; ils ne s'entendent pas encore eux-mêmes; et voyez-les un peu bégayer sur le point de l'enfanter, vous jugez que leur travail n'est point à l'accouchement, mais à la conception, et qu'ils ne font que lécher[1] encore cette matière imparfaite. De ma part je tiens, et Socrate ordonne[2] que qui a dans l'esprit une vive imagination et claire[3], il la produira, soit en bergamasque, soit par mines, s'il est muet. [...]

Toute affectation[4], nommément en la gaîté et liberté française, est mésavenante au courtisan; et en une monarchie, tout gentilhomme doit être dressé au port d'un courtisan : par quoi nous faisons bien de gauchir[5] un peu sur le naïf et méprisant. Je n'aime point de tissure où les liaisons et les coutures paraissent : tout ainsi qu'en un beau corps il ne faut qu'on y puisse compter les os et les veines. *Quae veritati operam dat oratio incomposita sit et simplex. Quis accurate loquitur, nisi qui vult putide loqui*[6] ? L'éloquence fait injure[7] aux choses, qui nous détourne à soi : comme, aux accoutrements, c'est pusillanimité de se vouloir marquer par quelque façon particulière et inusitée, de même, au langage, la recherche des phrases nouvelles et des mots peu connus vient d'une ambition scolastique et puérile. Puissé-je ne me servir que de ceux qui servent aux halles à Paris[8] !

Ce n'est pas à dire que ce ne soit une belle et bonne chose que le bien dire; mais non pas si bonne qu'on la fait; et suis dépit de quoi[9] notre vie s'embesogne toute à cela.

Essais, livre premier, chap. XXVI.

Au-delà de l'élégance mondaine et de la sagesse pratique, l'étude aura doté l'élève de Montaigne d'un optimisme joyeux, prêt à affronter les épreuves de la fortune, mais

---

1. *Lécher* : façonner, comme l'ourse qui lèche ses petits; 2. *Ordonner* : affirmer;
3. Voir Boileau, *l'Art poétique*, I, vers 153-154 :

Ce que l'on conçoit bien s'énonce clairement
Et les mots pour le dire arrivent aisément.

4. Voir Castiglione, texte n° 2; 5. *Gauchir* : feindre la naïveté ou la négligence;
6. « Que le discours qui vise à la vérité soit spontané et simple. Qui donc ajustent ses paroles, sinon les précieux? »; 7. L'éloquence dessert les idées, parce qu'elle nous intéresse à elle-même; 8. Voir Malherbe renvoyant aux crocheteurs du Port-au-Foin; 9. *De quoi* : de ce que.

QUESTIONS

26. Quel est le reproche que Montaigne adresse ici à l'enseignement des collèges?

Quel est le danger que Montaigne prétend conjurer en recommandant de s'en tenir à la langue du peuple?

27. Montaigne : une éjouissance constante.

L'âme qui loge la philosophie doit, par sa santé, rendre sain encore le corps : elle doit faire luire jusques au dehors son repos et son aise; doit former à son moule le port extérieur, et l'armer par conséquent d'une gracieuse fierté, d'un maintien actif et allègre et d'une contenance contente et débonnaire. La plus expresse marque de la sagesse, c'est une éjouissance[1] constante; son état est, comme des choses au-dessus de la lune, toujours serein[2] : c'est Barroco et Baralipton[3] qui rendent leurs suppôts ainsi crottés et enfumés; ce n'est pas elle : ils ne la connaissent que par ouï-dire. Comment? Elle fait état de sereiner les tempêtes de l'âme, et d'apprendre la faim et les fièvres à rire, non par quelques épicycles[4] imaginaires, mais par raisons naturelles et palpables : elle a pour son but la vertu, qui n'est pas, comme dit l'école[5], plantée à la tête d'un mont coupé, raboteux et inaccessible. Ceux qui l'ont approchée la tiennent, au rebours, logée dans une belle plaine fertile et fleurissante, d'où elle voit bien sous soi toutes choses; mais si[6] peut-on y arriver, qui en sait l'adresse, par des routes ombrageuses, gazonnées et doux-fleurantes, plaisamment, et d'une pente facile et polie, comme est celle des voûtes célestes. Pour n'avoir hanté cette vertu suprême, belle, triomphante, amoureuse, délicieuse pareillement et courageuse, ennemie professe et irréconciliable d'aigreur, de déplaisir, de crainte et de contrainte, ayant pour guide[7] nature, fortune et volupté pour compagnes, ils sont allés, selon leur faiblesse, feindre cette sotte image, triste, querelleuse, dépite[8], menaceuse, mineuse[9], et la placer sur un rocher à l'écart, emmi[10] des ronces : fantôme à étonner les gens.

Essais, livre premier, chap. XXVI.

---

1. *Éjouissance* : joie; 2. Selon la cosmologie de Platon, les éléments lourds et imparfaits s'accumulent dans les régions basses; les âmes, les astres et les dieux ont leur lieu naturel dans les hauteurs de l'éther (*Phédon*, 108, e-111, c); 3. Formule mnémotechnique pour quelques types de syllogismes. Il en existe une vingtaine; 4. *Épicycle* : figure d'astronomie; 5. *L'école* : la philosophie scolastique; 6. *Mais si* : et pourtant; 7. C'est la nature qui montre la voie; la chance et le plaisir accompagnent ceux qui s'y engagent; 8. *Dépite* : grincheuse; 9. *Mineuse* : renfrognée; 10. *Emmi* : au milieu.

QUESTIONS

27. Quel rapport voyez-vous chez Montaigne entre sa philosophie de la nature et sa pédagogie? Actualité de cette doctrine.

Comenius fut le plus grand éducateur du XVIIe siècle. Chassé de sa patrie, la Bohême, pour fait de religion, il parcourut l'Europe, accueilli par les princes et leurs ministres, fondant et réformant des écoles.

Sa pensée pédagogique, exposée dans divers ouvrages, mais surtout dans sa *Grande Didactique* (1657), étonne à chaque page le lecteur moderne par sa perspicacité, son ampleur, son actualité.

Comenius s'émerveille à l'idée de la réceptivité sans limite de notre esprit, où tout se reflète, où tout doit trouver son explication. Non seulement l'homme reproduit en soi l'univers, mais il existe une profonde analogie entre sa croissance spirituelle et le déploiement des lois fondamentales de la nature. Le microcosme humain est animé du même principe de vie que le macrocosme universel.

L'éducation doit rendre opérante en chaque homme la loi divine de perfection qui domine l'univers.

28. Comenius : un grenier impossible à remplir.

L'homme possède un esprit brillant comme un miroir sphérique, qui, suspendu au mur d'une chambre, reçoit l'image de tous les objets environnants. En vérité, notre esprit ne saisit pas seulement les choses voisines, mais il rapproche de lui les choses lointaines dans le temps comme dans l'espace. Il se hausse jusqu'à celles qui sont élevées, il recherche celles qui sont cachées, il découvre celles qui sont voilées et il s'ingénie à sonder celles qui sont insondables, tant est infinie et sans limites sa puissance. Serait-il concédé à un homme de vivre mille ans et d'accroître sans cesse son savoir en passant, peu à peu, d'une étude à l'autre, qu'il lui resterait encore à étudier d'autres choses qui se présenteraient à lui, parce que l'esprit humain est un grenier tellement impossible à remplir que, du point de vue de la connaissance, il représente un abîme. Notre modeste corps est enfermé dans un cercle étroit; notre voix en dépasse un peu les limites; la vue ne va pas plus loin que la voûte céleste. A notre esprit, on ne peut fixer de limites ni dans le ciel ni hors du ciel : il s'élève aussi bien dans les cieux des cieux qu'il descend dans l'abîme de l'abîme. Et même, si ces espaces étaient mille fois plus vastes, il y pénétrerait avec une incroyable rapidité. Comment, dès lors, ne pas admettre que, pour lui, tout est accessible et qu'il peut contenir toutes choses?

Les philosophes ont appelé l'homme un microcosme, c'est-à-dire un résumé de l'univers comprenant toutes les choses qu'on voit partout amplement répandues dans le monde. En conséquence l'esprit de l'homme qui entre dans le monde est très bien comparé à une semence ou à un noyau, où la figure de la plante, bien que n'existant pas en acte, existe cependant en puissance[1], comme on le voit quand le noyau mis en terre donne, d'une part, des racines, d'autre part, des pousses qui s'allongent en branches et en rameaux, se couvrent de feuilles et se parent de fleurs et de fruits. Il n'est donc pas nécessaire de rien apporter du dehors chez l'homme, mais seulement de faire pousser et se développer les qualités dont il contient le germe et de lui montrer quelle en est la nature.

Grande Didactique, chap. v (1657).
Trad. J.-B. Piobetta (P. U. F., 1952).

Mais il faut que l'éducation vienne valoriser toutes ces promesses. Aussi s'impose-t-elle pour tous, sujets autant que princes, s'ils doivent faire honneur à leur humanité. Ici, l'étroitesse aristocratique de l'humanisme de la Renaissance est dépassée. L'éducation n'a plus pour seule fonction de former les élites dirigeantes, mais celle d'apprendre à tous à vivre dans le respect de la dignité humaine.

29. Comenius : l'éducation, gage d'une société ordonnée.

Nous avons tous besoin d'être éduqués et, si nous jetons un regard autour de nous, nous voyons que chaque homme requiert d'être formé en vue de ses diverses fonctions. Que les stupides aient besoin d'enseignement pour se libérer de leur bêtise naturelle, qui voudrait le mettre en doute? Mais, en vérité, les intelligents ont encore bien plus besoin d'enseignement, parce que les esprits sagaces, si on ne les retient pas à des occupations utiles, se livrent à des occupations inutiles, frivoles et ruineuses. Plus un champ est fertile, plus il produit épines et macres. De même un esprit puissant est toujours en proie au désir de la nouveauté[2], si nous n'y semons pas les graines de la sagesse et de la vertu. [...]

---

1. Opposition courante en philosophie entre un don qui se réalise dans l'acte et celui qui n'existe encore qu'à l'état de promesse; 2. *De la nouveauté :* de la révolution, au sens moderne.

QUESTIONS
28. Montrez que, pour Comenius : 1° l'homme est fait pour connaître la nature; 2° il dispose en son esprit de tous les moyens pour y parvenir; 3° il se constitue lui-même à mesure qu'il étend ses connaissances.

Quel rapport entre ce processus et le devenir de l'homme selon les conceptions marxistes (voir Marx, texte n° 81).

Ceux qui devront être mis à la tête des autres, comme les rois, les princes, les magistrats, les pasteurs et les docteurs de l'Église, doivent aussi nécessairement se pénétrer de sagesse que les guides des voyageurs doivent avoir des yeux, les interprètes l'usage de la langue, la trompette le son et l'épée le tranchant. Pareillement, il importe d'éclairer aussi les sujets afin qu'ils sachent se tenir sagement dans leur état de sujets à l'égard de ceux qui les gouvernent avec sagesse[1]; non certes sujets par force, ou se comportant comme des ânes, mais volontairement et par amour de l'ordre. Et, en vérité, les créatures raisonnables doivent être guidées non à grand renfort de cris, de cachots et de coups de bâton, mais avec des moyens raisonnables.

Il est donc fermement établi que tous ceux qui sont nés hommes ont besoin d'une éducation régulière[2], parce qu'il faut qu'ils soient hommes et non bêtes féroces, brutes, sauvages, troncs inertes. De là résulte aussi cette conséquence que plus quelqu'un est éduqué, plus il s'élève au-dessus des autres. Ce chapitre peut donc trouver sa conclusion dans les paroles du sage : qui ne fait aucun cas de la sagesse et de l'enseignement est un malheureux, ses espérances elles-mêmes sont vaines (y compris celle d'atteindre sa fin), ses fatigues infructueuses et inutiles ses œuvres (*Sagesse*, 3, 11).

Grande Didactique, chap. VI.

Ayant rendu à l'éducation sa véritable dimension, Comenius est amené à définir, dans les termes les plus heureux, le concept de culture générale, toujours actuel et plus que jamais menacé par la montée de la civilisation technique.

30. Comenius : rien ne doit nous être absolument inconnu.

Il faut maintenant démontrer que, dans les écoles, tous doivent être instruits en tout. Il n'y a lieu cependant de prendre garde que nous n'entendons pas par là que tous doivent acquérir la connaissance de toutes les sciences et de tous les arts (et

---

1. Remarquer la restriction; 2. Voir Kant, texte n° 67.

───── **QUESTIONS** ─────

29. Pourquoi les intelligents ont-ils encore plus besoin de sagesse? Quelles conclusions Comenius en tire-t-il?
Comenius prêche-t-il la soumission? Sinon, définir l'hypothèse dans laquelle il se place. Quel est le but de l'éducation?

encore moins leur connaissance complète et exacte[1]), car cela n'est ni utile par sa nature même, ni possible, étant donné la brièveté de la vie. Nous voyons en effet que toute science est si vaste et si subtilement divisée que même avec les meilleures dispositions on devrait y consacrer toute une vie, si on voulait s'adonner à la théorie et à la pratique, comme le fit Pythagore pour la mathématique, Archimède pour la mécanique, Agricola pour la minéralogie, et, pour la théorique[2] Longolius (qui précisément, en ne s'occupant que de cet art, devint un cicéronien parfait). Mais tous les hommes ont intérêt à apprendre ce qui est, ce qui se passe, les principes, les causes et les effets dans le domaine des choses de la nature et des choses de l'art[3], non seulement en simples spectateurs, mais aussi en acteurs. Il faut donc en arriver à une organisation telle que personne, pendant son séjour sur terre, ne rencontre rien qui lui soit absolument inconnu[4] et dont il ne puisse tirer, en quelque mesure, parti, censément et sans tomber dans les pièges de l'erreur.

Il faut donc, en tout et pour tout et sans aucune exception, établir un système tel que, dans les écoles et, grâce à la bienfaisante action des écoles, pendant toute la vie[5], soient cultivés les esprits à l'aide des sciences et des arts.

Ce fut, en vérité, la parole d'un sage celle qui proclama que les écoles sont des ateliers d'hommes dans la mesure où grâce à leur action l'homme y devient vraiment homme, c'est-à-dire un être raisonnable ayant sagesse dans ses pensées et prudence dans ses actions. [...]

Dans les entrailles maternelles se forment pour tous les enfants les mêmes membres : mains, pieds, langue, etc., bien que chaque enfant ne soit pas destiné à devenir artisan ou coureur, écrivain ou orateur. Il en est ainsi de l'école : il faut y enseigner à tous les élèves toutes les connaissances qui regardent l'homme même si, par la suite, l'une d'elles se révèle plus utile que les autres.

Grande Didactique, chap. x.

---

1. Voir Montaigne, texte n° 21; 2. *Théorique* : rhétorique; 3. Les procédés et les techniques de travail humain; 4. Voir Marx, texte n° 83; 5. Éducation permanente.

QUESTIONS

30. Précisez l'opposition entre spécialisation et culture générale. Pourquoi la culture générale est-elle indispensable? Appréciez la portée de la comparaison finale.

Mais c'est dans le domaine des méthodes pédagogiques que les réflexions de Comenius surprennent le plus par leur justesse percutante.

En voici trois échantillons.

Contre les absurdités de l'encyclopédisme, qui périodiquement ressurgit, entassant pêle-mêle dans l'esprit une masse de connaissances disparates et inassimilées, notre pédagogue préconise de laisser la pensée de l'élève se constituer et se développer librement autour de quelques notions fondamentales.

31. Comenius : faire travailler l'esprit.

La nature produit toute chose en la faisant naître d'éléments petits par la masse mais puissants par la vertu[1].

Un arbre, si gros soit-il, est tout entier dans le noyau de son fruit ou dans la bouture qui pousse à l'extrémité de la branche la plus haute. Si tu confies à la terre l'une ou l'autre il en sort un arbre entier par la puissance qui travaille dans le noyau ou dans la bouture.

Contre ce principe, on commet, dans les écoles, un péché énorme : la plupart des maîtres s'essoufflent à piquer des herbes au lieu d'en semer les graines et à planter des arbres au lieu de marcottes[2]. En effet, au lieu d'enfoncer dans la tête de leurs élèves les principes fondamentaux des diverses disciplines, ils y déversent une masse confuse de faits. De même qu'il est certain que le monde est composé de quatre éléments dont seules les formes varient, il est certain aussi que l'instruction tient tout entière en des principes très peu nombreux desquels, pour peu qu'on en connaisse les modalités diverses, découlent une infinité de corollaires, suivant la même loi qui veut que d'une plante aux racines solides peuvent sortir des centaines de branches, des milliers de feuilles, de fleurs et de fruits.

Grande Didactique, chap. XVII.

---

1. *Vertu* : énergie de croissance ; 2. *Marcotte* : branche que l'on couche en terre pour qu'elle y prenne racine.

--- **QUESTIONS** ---

31. Que signifie *piquer des herbes* ? Illustrez la formule d'exemples modernes.

Citez quelques exemples concrets de ces *principes fondamentaux* qui organisent toute une discipline.

Quels rapports y a-t-il entre cette pédagogie naturelle et les idées de Pestalozzi (voir texte n° 71) ?

Second précepte : ne pas forcer l'esprit de l'enfant. Il y a une heure pour chaque chose. On gâte tout en négligeant la loi de la croissance naturelle de l'intelligence.

32. Comenius : enseigner chaque chose à son heure.

La nature ne donne l'impulsion qu'aux êtres qui ont atteint leur plein développement et qui aspirent à sortir de leur coquille.

La nature en effet n'oblige pas l'oisillon à quitter l'œuf tant que ses membres ne sont pas bien formés et bien solides. Elle ne le pousse pas à voler tant qu'il n'est pas couvert de plumes et elle ne le chasse du nid que lorsqu'il sait voler. De même, la plante ne laisse percer ses bourgeons que lorsque la sève, montant des racines, les pousse à sortir et elle ne les fait éclore que lorsque feuilles et fleurs formées par la sève aspirent elles aussi à se développer. Quant aux fleurs, elle ne les laisse s'épanouir que lorsque le fruit est déjà recouvert de la peau qui doit l'envelopper, et les fruits, elle ne les laisse tomber qu'après les avoir conduits à maturité.

On fait donc violence à l'intelligence : 1° toutes les fois qu'on oblige l'élève à accomplir une tâche au-dessus de son âge et de ses forces ; 2° toutes les fois qu'on lui ordonne d'apprendre par cœur des choses qui n'ont pas été clairement expliquées et comprises, ou d'exécuter des travaux qu'on ne lui a pas montrés suffisamment.

Désormais donc :

I. — Il ne faut, avec les jeunes élèves, tenter d'autres épreuves que celles qui, non seulement sont à la portée de leur intelligence et de leur âge, mais aussi désirées par eux.

II. — Il ne faut faire apprendre par cœur que les choses dont l'intelligence s'est complètement rendue maîtresse. Et qu'on se garde de faire réciter une leçon sans être sûr que l'élève l'a comprise.

III. — Il ne faut rien donner à faire à l'élève avant de lui en avoir montré la forme et indiqué la règle qu'il doit suivre pour l'exécuter.

Grande Didactique, chap. XVII.

―――― QUESTIONS ――――

32. Que pensez-vous de cette loi naturelle que Comenius met à la base de toute éducation ? Conséquences sur les méthodes et les programmes.

La règle III ne vous paraît-elle pas trop absolue ?

Troisième précepte : ce n'est pas en les décomposant, en les analysant que l'on comprend les idées et les choses, mais en les construisant. Il faut « faire » pour « savoir ». C'est déjà nettement formuler le principe des méthodes actives. Comenius réintègre l'école dans la vie.

33. Comenius : pour apprendre, il faut « faire ».

Les écoles commettent l'erreur d'apprendre à regarder avec les yeux des autres et à juger avec le discernement d'autrui[1] : la méthode pédagogique employée pour tout enseignement scientifique ou artistique le prouve clairement. Elles n'apprennent pas à découvrir les sources et à en tirer des ruisseaux abondants et variés, mais elles montrent les ruisseaux qui coulent des auteurs et ordonnent d'en suivre le cours en sens inverse pour aboutir aux sources. En vérité, [...] aucune grammaire n'apprend à composer un discours, mais à l'analyser. Et tous les manuels de phraséologie ne montrent guère la façon de composer les phrases ou de les varier selon les règles de l'art : ils vous mettent seulement en présence d'un fatras confus d'exemples. Presque personne ne rend la physique intelligible par démonstrations et expériences[2] : tous l'apprennent en faisant réciter les textes d'Aristote ou d'un autre. Personne ne forme les mœurs par une éducation interne des penchants, mais tous, avec des définitions et des divisions externes[3], ne donnent qu'une image obscure et superficielle de la vertu. Cela apparaîtra mieux lorsque nous en arriverons à parler de la méthode spéciale à l'étude des sciences et des langues, et plus clairement encore, s'il plaît à Dieu, dans notre Traité de Pansophie[4].

Il est étonnant que les anciens n'aient pas eu une vue plus vaste sur ce problème et que, dans les temps plus proches, on n'ait pas porté remède à cette erreur, alors que, à n'en pas douter, c'est là que se trouve la véritable cause qui explique l'extrême lenteur de nos progrès. Quoi? Est-ce que le menuisier montre à son apprenti l'art de fabriquer les meubles en les démolissant? Au contraire, c'est en les construisant qu'il lui montre comment il faut choisir les matériaux nécessaires, mesurer chaque morceau de bois, le raboter, le lisser, le soulever, le placer, l'assembler, etc. Pour qui est maître dans l'art de construire, la démolition n'est pas un art, pas plus que découdre

---

1. Voir Montaigne, texte n° 25; 2. Anticipation remarquable pour l'époque; 3. Des règles de conduite imposées; 4. La somme des idées de Comenius, qu'il ne parvint pas à rédiger.

Le Maître d'école.
Peinture d'Adriaen Van Ostade (1610-1684).
Paris, musée du Louvre.

Phot. Giraudon.

un vêtement pour qui a appris à coudre. En démolissant des maisons, nul n'a jamais appris à devenir maçon, ni à devenir tailleur en déchirant des vêtements.

Aussi, les inconvénients, bien plus, les dommages de cette méthode non encore réformée sont-ils manifestes : 1° parce que l'instruction, chez beaucoup, sinon chez la plupart, se réduit, en fin de compte, à une simple nomenclature : je veux dire qu'ils savent réciter quelles sont les limites et les règles des arts[1], mais ils n'en savent pas faire un juste usage; 2° parce que, chez aucun d'eux, l'instruction n'est une culture générale[2] qui tient debout, se renforce et s'étend d'elle-même, mais un habit fait de pièces et de morceaux, privé de toute consistance et de toute garantie d'usage. La science qui n'est qu'une collection de jugements et d'opinions d'auteurs ressemble en tous points à l'arbre qu'on a coutume de dresser dans les fêtes foraines : on a beau le décorer de toutes parts, en y suspendant feuillages, fleurs, fruits et même guirlandes et couronnes; comme toutes ces belles choses ne viennent pas de ses propres racines, mais lui ont été accrochées de l'extérieur, elles ne peuvent ni se multiplier, ni durer des années. Un tel arbre ne produit aucun fruit et les feuillages qu'on y a suspendus se flétrissent et tombent. L'homme qui possède une éducation établie sur de solides bases est un arbre qui a ses propres racines et se nourrit de sa propre sève : aussi est-il toujours vigoureux (bien plus, il devient, chaque jour, plus robuste), verdoyant et apte à donner fleurs et fruits.

Tout compte fait, on arrive à la conclusion suivante : il faut, le plus possible, apprendre aux hommes à tirer le savoir non point des livres[3], mais du ciel, de la terre, des chênes et des hêtres, je veux dire qu'il faut leur apprendre à connaître et à scruter les choses directement en elles-mêmes et non par le truchement des observations et des témoignages d'autrui.

Grande Didactique, chap. XVIII.

---

1. *Art* : métier; 2. Remarquer cette nouvelle définition de la culture générale; 3. Voir Rousseau, texte n° 61.

QUESTIONS

33. Avons-nous aujourd'hui tiré toutes les conséquences de cette critique pertinente d'un enseignement purement analytique? Est-ce possible dans toutes les disciplines? Avantages et difficultés d'une éducation active (voir Dewey, texte n° 61).

Et l'auteur résume lui-même ses préoccupations essentielles. S'opposant aux jésuites, qui dominent l'éducation dans le monde catholique, le protestant Comenius propose un système d'éducation qui favorise l'épanouissement naturel et spontané de l'enfant — de tous les enfants —, et le développement du jugement personnel, qui fait de lui un homme libre.

34. Comenius : récapitulation des objectifs.

Notre projet est d'établir une organisation scolaire qui obtiendra les résultats suivants :

1º L'éducation de toute la jeunesse[1];

2º Cette éducation comprendra tout ce qui contribue à rendre l'être humain instruit, honnête et pieux;

3º Cette éducation, qui est une préparation à la vie, doit être achevée avant l'âge adulte;

4º Elle sera faite sans coups, sans violences, sans aucune contrainte, avec le maximum de délicatesse, avec le maximum de douceur, comme si elle procédait d'elle-même, spontanément. Un corps vivant absorbe les substances aptes à le développer sans qu'il ait besoin de mouvoir ses membres ni d'un côté, ni de l'autre. Il suffit de l'alimenter avec prudence et de l'exercer suffisamment pour qu'il développe, peu à peu, sa stature et sa robustesse sans s'en apercevoir. De même si tu nourris, protèges et exerces l'intelligence suffisamment, ton intervention se transforme d'elle-même en savoir, en vertu et en piété;

5º Elle donnera à tous les enfants une éducation vraie et solide et non un vernis superficiel[2]; elle habituera l'homme, en tant qu'être raisonnable, à se guider, non d'après la raison d'autrui, mais suivant la sienne propre, à lire et à comprendre, mais aussi à retenir et à réciter par cœur ce qui, dans le bien d'autrui, lui agrée; à puiser lui-même la connaissance des choses dans les choses elles-mêmes et à en tirer vérité et utilité. Quant à l'éducation morale, il faut tenir pour ferme qu'elle doit aller de pair avec l'éducation intellectuelle;

6º Une telle formation doit être l'œuvre non point d'un labeur pénible, mais d'un travail très facile. On peut l'obtenir

---

1. La *Ratio studiorum* de la Compagnie de Jésus (1599) déclarait : « Enseigner à lire et à écrire serait œuvre de charité, si la Compagnie disposait d'un personnel suffisant pour s'occuper de tous les enfants. Mais, faute de moyens, il ne peut en être question »; 2. Vise un enseignement essentiellement mondain.

en ne consacrant pas plus de quatre heures par jour aux travaux qui doivent se faire à l'école et en réglant ces travaux de telle manière qu'un seul maître suffise pour instruire, à la fois, jusqu'à cent[1] élèves avec un effort dix fois moins grand que celui qu'on déploie actuellement pour instruire chaque enfant.

Grande Didactique, chap. XII.

C'est dans le prolongement de Comenius qu'il faut situer la pédagogie de **Milton,** le poète vigoureux du *Paradis perdu*. Il avait exposé ses idées dans son *Traité de l'éducation* (1644). Voici comment il en résume lui-même les points essentiels.

35. Milton : un programme d'éducation.

Ce que j'ai à développer devant vous, c'est l'ensemble d'une complète et généreuse éducation qui rende l'homme capable de remplir avec probité, habileté et grandeur d'âme tous les emplois privés ou publics de la paix ou de la guerre. Et pour que tout cela puisse se faire entre douze et vingt et un ans, en moins de temps qu'on n'en consacre aujourd'hui aux vétilles de la grammaire et de l'argumentation[2], voici l'ordre que je propose d'y introduire.

Il s'agit d'abord de trouver un édifice spacieux avec un terrain contigu, propre à un collège[3], et suffisant pour loger à peu près cent soixante personnes, dont vingt domestiques environ. Toute cette maison doit être sous le gouvernement d'un seul chef qui, par son mérite, ou ses connaissances, soit en état ou de faire tout par lui-même, ou du moins de diriger et de surveiller tout convenablement.

L'institution sera à la fois école[4] et université; il n'est nul besoin de faire passer les élèves d'un lieu d'enseignement dans l'autre, à moins qu'il ne s'agisse de quelques collèges de jurisprudence ou de médecine, pour ceux qui se destinent à la pratique de ces sciences. Mais à l'égard de ces études générales qui se partagent tout notre temps depuis le grade de bachelier

---

1. C'est vraiment un enseignement de masse; 2. Voir Montaigne, texte n° 25; 3. *Collège :* à l'origine, internat; 4. Établissement secondaire : c'est la structure médiévale de l'université, dont la quatrième faculté, celle des arts libéraux, dispensait un enseignement littéraire *(trivium)* ou scientifique *(quadrivium)* qui ouvrait l'accès aux trois facultés (théologie, droit, médecine).

QUESTIONS

---

34. Le paragraphe 4 signifie-t-il que le rôle du maître est secondaire? Appréciez la portée du paragraphe 5.

jusqu'à celui de maître ès arts[1], elles doivent s'achever dans le même lieu. Je n'ai donné cet édifice que comme modèle ; plusieurs, existant déjà, peuvent dans chaque cité recevoir la destination indiquée. Le nombre de cent soixante, plus ou moins, ainsi réuni, de manière à former alternativement un bataillon d'hommes de pied ou deux escadrons de cavalerie, il s'agira de diviser la journée, selon l'ordre naturel, en trois parties : études, sports, hygiène.

Pour les études, on les leur fera commencer par les règles principales, et nécessaires, de quelque bonne grammaire, soit de celles qui sont maintenant en usage, soit de quelque autre meilleure. Et cependant on tâchera de leur former la voix à une prononciation claire et distincte, approchante autant qu'il sera possible de la prononciation italienne, pour les voyelles surtout ; car le froid qu'il fait au Nord, où nous sommes placés nous autres Anglais, nous empêche d'ouvrir assez la bouche, pour donner de la grâce à une langue du Midi, et les autres nations observent que nous parlons trop en dedans. Ensuite, pour les rendre experts dans les points les plus importants de la grammaire, et en même temps leur orner l'esprit et leur inspirer l'amour de la vertu et du travail, avant que quelque séduction flatteuse ou quelque faux principe ne les en écartent, il faut leur mettre entre les mains quelque ouvrage pédagogique, agréable et aisé à lire ; les Grecs en ont des magasins : tels sont Cébès, Plutarque et tant d'autres écrits des philosophes de l'école socratique. Mais en latin, il ne nous en reste point de propres aux enfants, si ce n'est peut-être les deux ou trois premiers livres de Quintilien et quelques autres pièces prises ailleurs. Mais là, le point principal sera d'entrecouper, quand l'occasion s'en présentera, de semblables lectures par des réflexions qui les y fassent prendre du plaisir et qui leur inspirent, tout à la fois, et du goût pour la science, et de l'admiration pour la vertu.

Tous les jours avant midi et le temps de leur dîner, on leur accordera une heure ou deux pour leurs exercices, et quelque temps ensuite pour se reposer, mais il faut que ce temps soit plus long ou plus court selon l'heure où ils se sont levés.

Le premier exercice que je leur recommande est celui des armes, il leur conservera la santé, les rendra actifs et forts et les tiendra toujours en haleine. C'est aussi le moyen le plus

---

1. *Maître ès arts* : licencié.

sûr de les faire devenir robustes et grands et de leur inspirer un courage mâle et intrépide qui, tempéré par de sages lectures et les préceptes de la vraie force[1], et par une patience à toute épreuve, se changera en une valeur naturelle et héroïque, et leur fera haïr la poltronnerie et l'injustice.

Il faudra aussi les instruire dans cet art où notre nation excelle aujourd'hui, l'art de la boxe, et leur en apprendre tous les exercices.

Il y a une autre occasion de s'instruire au-dehors, et qui ne devient pas une moindre source de plaisir. Dans ces belles saisons de l'année où l'air est calme et agréable, ce serait manquer à ce qu'on se doit, et à la nature même, que de ne pas sortir voir ses richesses et partager avec le ciel et la terre ses charmes et ses bienfaits.

Alors Paris et ses amusements ne nous enlèveront pas notre plus belle jeunesse[2]; ils ne s'y épuiseront pas par leur prodigalité et leur libertinage et n'en reviendront pas l'esprit rempli de jolies bagatelles, ressemblant plutôt à des comédiens, ou à des singes, qu'à des hommes raisonnables. Et s'ils souhaitent voir d'autres pays à vingt-trois ou vingt-quatre ans, non pour y puiser de nouveaux principes, mais pour augmenter leur expérience, et faire de sages observations, ils sauront alors attirer sur eux l'attention et l'estime de tous les hommes des pays par où ils passeront, et mériteront la liaison et l'amitié des plus recommandables. Peut-être alors les autres nations seront-elles bien aises de venir chez nous pour leur éducation, ou du moins imiteront-elles la nôtre dans leur propre pays.

Lettre à Hartlib[3] (1650).

En France, deux problèmes particuliers passionnent le grand public, défrayant les conversations des salons et les œuvres littéraires : celui de l'autorité comme méthode pédagogique et celui de l'éducation des femmes.

La protestation contre la férule et la contrainte prolonge un thème traditionnel de la comédie antique. Mais elle trouve au XVIIe siècle des accents nouveaux. Au prestige

---

1. *Vraie force :* la force morale; 2. Noter la réaction du puritain et du patriote. Voir Voltaire, texte n° 43; 3. *Hartlib :* disciple de Comenius; il fit venir son maître en Angleterre.

QUESTIONS

35. Quels sont les traits typiquement britanniques de cette éducation et de l'idéal pédagogique qu'il propose?

de la manière forte, qui est restée vivace dans l'éducation tant aristocratique que bourgeoise, vient s'opposer un esprit plus libéral, qui fait confiance à la nature humaine.

Molière, dans *l'École des maris* (1661), prend fait et cause pour la pédagogie moderne. On y retrouvera des conceptions bien connues.

36. Molière : faire crédit à l'honneur.

ARISTE[1]

Mon frère[2], son[3] discours ne doit que faire rire.
Elle a quelque raison en ce qu'elle veut dire :
Leur sexe aime à jouir d'un peu de liberté;
On le retient fort mal par tant d'austérité;
Et les soins défiants, les verrous et les grilles
Ne font pas la vertu des femmes ni des filles :
C'est l'honneur[4] qui les doit tenir dans le devoir,
Non la sévérité que nous leur faisons voir.
C'est une étrange chose, à vous parler sans feinte,
Qu'une dame qui n'est sage que par contrainte.
En vain sur tous ses pas nous prétendons régner,
Je trouve que le cœur est ce qu'il faut gagner;
Et je ne tiendrais, moi, quelque soin qu'on se donne,
Mon honneur guère sûr aux mains d'une personne
A qui, dans les désirs qui pourraient l'assaillir,
Il ne manquerait rien qu'un moyen de faillir.

SGANARELLE

Chansons que tout cela !

ARISTE

Soit; mais je tiens sans cesse
Qu'il nous faut en riant instruire la jeunesse,
Reprendre ses défauts avec grande douceur,
Et du nom de vertu ne lui point faire peur[5].
Mes soins pour Léonor ont suivi ces maximes;
Des moindres libertés je n'ai point fait des crimes,
A ses jeunes désirs j'ai toujours consenti,
Et je ne m'en suis point, grâce au ciel, repenti.

---

1. *Ariste* : tuteur de la jeune Léonor, qu'il élève selon une pédagogie très libérale; 2. Frère d'Ariste et tuteur d'Isabelle, la sœur de Léonor. C'est un esprit étroit et tyrannique, qui élève sa pupille selon les méthodes autoritaires; 3. Il s'agit d'une sortie de Lisette, la soubrette de Léonor, qui s'indigne de voir Isabelle surveillée et cloîtrée par son tuteur; 4. Voir : Rabelais, texte n° 20; Locke, texte n° 45; 5. Voir Montaigne, texte n° 25.

J'ai souffert qu'elle ait vu les belles compagnies,
Les divertissements, les bals, les comédies;
Ce sont choses, pour moi, que je tiens de tout temps
Fort propres à former l'esprit des jeunes gens;
Et l'école du monde, en l'air dont il faut vivre,
Instruit mieux, à mon gré, que ne fait aucun livre[1].
Elle aime à dépenser en habits, linge et nœuds;
Que voulez-vous? je tâche à contenter ses vœux;
Et ce sont des plaisirs qu'on peut, dans nos familles,
Lorsque l'on a du bien, permettre aux jeunes filles.

L'École des maris, I, II.

On retrouvera souvent chez Molière ce débat sur l'éducation des femmes. La place privilégiée qu'elles occupent dans la vie mondaine du temps, le poids de leur jugement dans les choses de l'esprit ne pouvaient manquer de créer une sorte de féminisme de salon. Souvent, la double vocation de la femme, celle du foyer et celle des études, s'affirme et s'oppose avec force.

Voici les deux thèses contraires, exposées par les deux filles de Philaminte, dans *les Femmes savantes* (1672).

37. Molière : deux vocations.

ARMANDE

Mon Dieu, que votre esprit est d'un étage bas!
Que vous jouez au monde un petit personnage[2],
De vous claquemurer aux choses du ménage,
Et de n'entrevoir point de plaisirs plus touchants
Qu'une idole d'époux et des marmots d'enfants!
Laissez aux gens grossiers, aux personnes vulgaires,
Les bas amusements de ces sortes d'affaires.
A de plus hauts objets élevez vos désirs,
Songez à prendre un goût des plus nobles plaisirs,
Et, traitant de mépris les sens et la matière,
A l'esprit, comme nous, donnez-vous tout entière :
Vous avez notre mère en exemple à vos yeux,

---

1. Voir Montaigne, texte n° 24; 2. *Personnage* : rôle.

— QUESTIONS —

36. Ce texte ne concerne-t-il que l'éducation des filles?
Comparez ces principes à ceux de Rabelais (voir les textes n°s 15 à 20).

Que du nom de savante on honore en tous lieux ;
Tâchez, ainsi que moi, de vous montrer sa fille,
Aspirez aux clartés qui sont dans la famille,
Et vous rendez sensible aux charmantes douceurs
Que l'amour de l'étude épanche dans les cœurs.
Loin d'être aux lois d'un homme en esclave asservie,
Mariez-vous, ma sœur, à la philosophie,
Qui nous monte au-dessus de tout le genre humain,
Et donne à la raison l'empire[1] souverain,
Soumettant à ses lois la partie animale,
Dont l'appétit grossier aux bêtes nous ravale.
Ce sont là les beaux feux[2], les doux attachements,
Qui doivent de la vie occuper les moments ;
Et les soins où je vois tant de femmes sensibles
Me paraissent aux yeux des pauvretés horribles.

HENRIETTE

Le ciel, dont nous voyons que l'ordre est tout-puissant,
Pour différents emplois nous fabrique en naissant ;
Et tout esprit n'est pas composé d'une étoffe
Qui se trouve taillée à faire un philosophe.
Si le vôtre est né propre aux élévations
Où montent des savants les spéculations,
Le mien est fait, ma sœur, pour aller terre à terre,
Et dans les petits soins son foible[3] se resserre.
Ne troublons point du ciel les justes règlements
Et de nos deux instincts suivons les mouvements.
Habitez, par l'essor d'un grand et beau génie,
Les hautes régions de la philosophie,
Tandis que mon esprit, se tenant ici-bas,
Goûtera de l'hymen les terrestres appas.
Ainsi, dans nos desseins l'une à l'autre contraire,
Nous saurons toutes deux imiter notre mère :
Vous, du côté de l'âme et des nobles désirs,
Moi, du côté des sens et des grossiers plaisirs ;
Vous, aux productions d'esprit et de lumière,
Moi, dans celles, ma sœur, qui sont de la matière.

Les Femmes savantes, I, 1 (1672).

---

1. *Empire* : autorité ; 2. Et non ceux de l'amour ; 3. *Son foible* : sa faiblesse.

QUESTIONS

37. Armande est-elle sincère dans son dédain de l'amour et du *ménage* ? Comment interprétez-vous les intentions de Molière en ce domaine ?

Les hommes, en face de ce problème, adoptent des attitudes diverses, du dépit de Chrysale, gêné dans ses aises et ses privilèges de prince domestique par les ambitions nouvelles des femmes, jusqu'à la sagesse souriante et équilibrée de Cléante.

Voici l'étonnante leçon de philosophie conjugale qu'Arnolphe débite à sa future épouse.

38. Molière : l'autorité maritale est d'institution divine.

Le mariage, Agnès, n'est pas un badinage.
A d'austères devoirs le rang de femme engage,
Et vous n'y montez pas, à ce que je prétends,
Pour être libertine[1] et prendre du bon temps.
Votre sexe n'est là que pour la dépendance :
Du côté de la barbe est la toute-puissance.
Bien qu'on soit deux moitiés de la société,
Ces deux moitiés pourtant n'ont point d'égalité[2] :
L'une est moitié suprême, et l'autre subalterne;
L'une en tout est soumise à l'autre, qui gouverne;
Et ce que le soldat, dans son devoir instruit,
Montre d'obéissance au chef qui le conduit,
Le valet à son maître, un enfant à son père,
A son supérieur le moindre petit frère,
N'approche point encor de la docilité,
Et de l'obéissance, et de l'humilité,
Et du profond respect, où la femme doit être
Pour son mari, son chef, son seigneur et son maître.
Lorsqu'il jette sur elle un regard sérieux,
Son devoir aussitôt est de baisser les yeux,
Et de n'oser jamais le regarder en face
Que quand d'un doux regard il lui veut faire grâce.
C'est ce qu'entendent mal les femmes d'aujourd'hui.
Mais ne vous gâtez pas sur l'exemple d'autrui.
Gardez-vous d'imiter ces coquettes vilaines
Dont par toute la ville on chante les fredaines,
Et de vous laisser prendre aux assauts du malin,
C'est-à-dire d'ouïr[3] aucun jeune blondin.
Songez qu'en vous faisant moitié de ma personne,
C'est mon honneur, Agnès, que je vous abandonne;

---

1. Les libertins se permettaient de discuter l'autorité établie et les traditions; 2. Voir Mazzini, texte n° 89; 3. *Ouïr* : écouter. Remarquer l'antithèse comique avec *assauts du malin*.

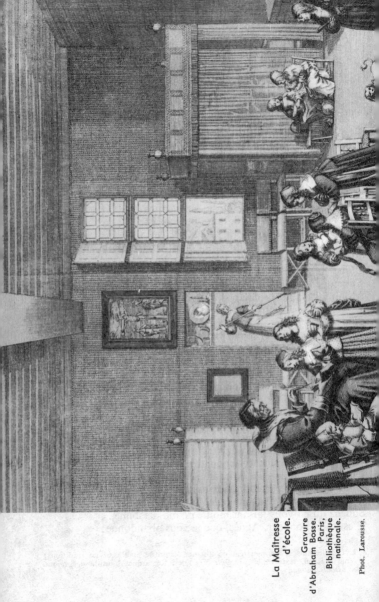

La Maîtresse d'école.

Gravure d'Abraham Bosse. Paris, Bibliothèque nationale.

Phot. Larousse.

Que cet honneur est tendre et se blesse de peu ;
Que sur un tel sujet il ne faut point de jeu,
Et qu'il est aux enfers des chaudières bouillantes
Où l'on plonge à jamais les femmes mal vivantes.
Ce que je vous dis là ne sont pas des chansons,
Et vous devez du cœur dévorer ces leçons.
Si votre âme les suit et fuit d'être coquette,
Elle sera toujours comme un lis blanche et nette ;
Mais, s'il faut qu'à l'honneur elle fasse un faux bond,
Elle deviendra lors noire comme un charbon ;
Vous paraîtrez à tous un objet effroyable,
Et vous irez un jour, vrai partage du diable,
Bouillir dans les enfers à toute éternité,
Dont vous veuille garder la céleste bonté.

L'École des femmes, III, II (1662).

On opposera à cette homélie grotesque une prise de position aussi pondérée que raisonnable de **Fénelon**, qui, pourtant, laisse la porte ouverte elle aussi à bien des contestations.

39. Fénelon : l'éducation des femmes doit s'ajuster à leur fonction.

Venons maintenant au détail[1] des choses dont une femme doit être instruite : quels sont ses emplois ? Elle est chargée de l'éducation de ses enfants, des garçons jusqu'à un certain âge, des filles jusqu'à ce qu'elles se marient ou se fassent religieuses, de la conduite des domestiques, de leurs mœurs, de leur service, du détail de la dépense, des moyens de faire tout avec économie, et honorablement, d'ordinaire même de faire les fermes[2] et de recevoir les revenus.

La science des femmes comme celle des hommes doit se borner à s'instruire par rapport à leurs fonctions : la différence

---

1. L'auteur vient de parler de ses principes pédagogiques : « suivre et aider la nature » ; 2. *Faire les fermes* : établir les contrats de fermages.

QUESTIONS

38. Quels sont les postulats philosophiques et religieux sur lesquels s'appuie la conception du mariage prônée par Arnolphe ?
En quoi ce personnage vous paraît-il comique ? Et en quoi odieux ?
Quel usage Arnolphe fait-il de la religion et comment la présente-t-il (cf. Tartuffe) ?

de leurs emplois doit faire celle de leurs études. Il faut donc borner l'instruction des femmes aux choses que nous venons de dire. Mais une femme curieuse trouvera que c'est donner des bornes bien étroites à sa curiosité : elle se trompe : c'est qu'elle ne connaît pas l'importance et l'étendue des choses dont je lui propose de s'instruire.

Quel discernement lui faut-il pour connaître le naturel[1] et le génie[2] de chacun de ses enfants, pour trouver la manière de se conduire avec eux la plus propre à découvrir leur humeur, leur pente, leur talent; à prévenir les passions naissantes, à leur persuader les bonnes maximes, et à guérir leurs erreurs! Quelle prudence doit-elle avoir pour acquérir et conserver sur eux l'autorité, sans perdre l'amitié et la confiance! Mais n'a-t-elle pas besoin d'observer et de connaître à fond les gens qu'elle met auprès d'eux? Sans doute : une mère de famille doit donc être pleinement instruite de la Religion[3], et avoir un esprit mûr, ferme, appliqué et expérimenté pour le gouvernement[4].

Peut-on douter que les femmes ne soient chargées de tous ces soins, puisqu'ils tombent naturellement sur elles pendant la vie même de leurs maris occupés au-dehors? Ils les regardent encore de plus près si elles deviennent veuves. Enfin saint Paul attache tellement en général leur salut à l'éducation de leurs enfants, qu'il assure[5] que c'est par eux qu'elles se sauveront. [...]

Joignez à ce gouvernement l'économie[6] : la plupart des femmes la négligent comme un emploi bas, qui ne convient qu'à des paysans ou à des fermiers, tout au plus à un maître d'hôtel, ou à quelque femme de charge, surtout les femmes nourries dans la mollesse, l'abondance et l'oisiveté, sont indolentes et dédaigneuses pour tout ce détail. Elles ne font pas grande différence entre la vie champêtre et celle des sauvages du Canada; si vous leur parlez de vente de blé, de cultures de terres, des différentes natures de revenus, de la levée des rentes et des autres droits seigneuriaux, de la meilleure manière de faire des fermes, ou d'établir des receveurs[7], elles croient que vous voulez les réduire à des occupations indignes d'elles.

Ce n'est pourtant que par ignorance qu'on méprise cette science de l'économie. Les anciens Grecs et Romains si habiles et si polis s'en instruisaient avec un grand soin; les plus grands

---

1. *Naturel* : tempérament; 2. *Génie* : talents; 3. Fondement de la morale; 4. *Gouvernement* : direction des personnes; 5. Voir Épître à Timothée, II, 15; 6. *Économie* : administration des biens; 7. *Receveur* : fermier des terres seigneuriales.

esprits d'entre eux en ont fait, sur leurs propres expériences, des livres[1] que nous avons encore et où ils ont marqué même le dernier détail de l'agriculture. On sait que leurs conquérants[2] ne dédaignaient pas de labourer et de retourner à la charrue en sortant du triomphe. Cela est si éloigné de nos mœurs, qu'on ne pourrait le croire, si peu[3] qu'il y eût dans l'histoire quelque prétexte pour en douter. Mais n'est-il pas naturel qu'on ne songe à défendre ou à augmenter son pays que pour le cultiver paisiblement? A quoi sert la victoire, sinon à cueillir les fruits de la paix? Après tout, la solidité de l'esprit consiste à vouloir s'instruire exactement de la manière dont se font les choses qui sont les fondements de la vie humaine; toutes les plus grandes affaires roulent là-dessus. La force et le bonheur d'un État consistent non à avoir beaucoup de provinces mal cultivées, mais à tirer de la terre qu'on possède tout ce qu'il faut pour nourrir aisément un peuple nombreux.

Il faut sans doute un génie bien plus élevé et plus étendu pour s'instruire de tous les arts qui ont rapport à l'économie, et pour être en état de bien policer toute une famille, qui est une petite république, que pour jouer, discourir sur des modes et s'exercer à de petites gentillesses de conversation. C'est une sorte d'esprit bien méprisable que celui qui ne va qu'à bien parler; on voit de tous côtés des femmes dont la conversation est pleine de maximes[4] solides et qui, faute d'avoir été appliquées de bonne heure, n'ont rien que de frivole dans la conduite.

Traité de l'éducation des filles, chap. XI (1687).

Quel que soit l'intérêt de ces débats, il reste que l'apport principal de la période classique en France réside dans la définition de l'honnête homme. C'est chez le chevalier de **Méré,** un ami de Pascal, qu'on trouvera les formules les plus élaborées sur ce sujet.

---

1. Par exemple Xénophon, *les Économiques;* 2. Allusion au fameux Cincinnatus, Romain célèbre par sa simplicité, que les licteurs qui lui annonçaient son élection au consulat trouvèrent en train de labourer son champ; 3. *Si peu :* pour peu; 4. *Maximes :* principes.

QUESTIONS
---

39. Que pensez-vous du principe suivant : éduquer, c'est préparer à une fonction (voir Comenius, texte n° 30, et Goethe, texte n° 79)?

Est-ce fermer la porte à la culture générale (voir § § 3 et 6)?

La fin du texte ne rend-elle pas un son très moderne?

40. Méré : le naturel et l'art.

Méré s'entretient avec le maréchal de Clérambault[1].

« Comme un enfant, sans étudier, apprend la langue des gens qu'il entend parler et la parle après cela naturellement, il ne manque pas aussi de prendre insensiblement les mœurs de ceux qui sont autour de lui, et tout ce qu'il acquiert de la sorte lui devient naturel.

— Il se faut servir le plus qu'on peut, reprit le maréchal, de cette manière d'instruire, mais elle ne suffit pas pour bien parler, car il est nécessaire d'y mêler un peu d'art[2] et d'étude[3].

— Je l'avoue, dit le chevalier, et même on ne saurait trop avoir de l'un ni de l'autre. Mais il faut principalement songer à je ne sais quel esprit que les livres ni les gens savants ne donnent guère. Il me semble que ceux qui l'ont ne manquent ni d'art ni de science, et lorsqu'on ne l'a point, pour achevé que l'on soit en quelque chose, il y a presque toujours quelque malheureuse circonstance qui gâte ce qu'on fait le mieux. Puisqu'il ne faut que bien dire et bien faire pour être honnête homme et qu'il est question du bien dire, quand on aurait appris tous les secrets de sa langue, avec tant d'autres choses qui s'enseignent pour bien parler, en vérité ce ne serait presque rien si l'on ne savait que cela[4]. Car quelle apparence de plaire aux honnêtes gens et de les persuader, à moins que de connaître ce qui les peut toucher et par quelle voie on les gagne[5] ? La plupart des maîtres, si vous l'observez, n'en disent pas un mot.

— Sans cette connaissance, dit le maréchal, il serait bien malaisé d'y réussir, surtout dans le commerce de la vie où le moindre faux pas est remarqué. Quand ce malheur arrive, on ne s'en relève pas comme on veut, et je vois bien que c'est le plus important que d'avoir cet esprit et de connaître le monde. Je crois néanmoins qu'il serait très difficile, sans art ni sans règles, de bien parler sur toutes sortes de sujets.

— Cet art, dit le chevalier, s'apprend aisément, et c'est peu de chose, au moins de la sorte qu'on l'enseigne. La plupart

---

1. Les *Conversations*, éditées en 1668, reprises par Méré dès l'année suivante, puis en 1671, se composent de six entretiens avec le maréchal de Clérambault, qui désirait obtenir le poste de sous-gouverneur du Dauphin. Le livre de Méré, qui ébauche un programme d'éducation princière, devait ainsi soutenir la candidature du maréchal ; 2. *Art* : esprit lucide de composition ; 3. *Étude* : effort pour enrichir ses connaissances ; 4. Les ressources du langage ; 5. L'intuition psychologique. Voir, chez Pascal, l'art de persuader.

de ceux qui le savent n'en sont guère plus habiles, soit que les préceptes qu'on leur a mis dans la tête ne soient pas fort bons, ou qu'on ne leur ait pas appris à s'en servir[1]. »

Conversations, III (1669).

> De même, l'honnêteté en général est une chose qui ne s'enseigne pas. Elle ressortit au « cœur » et au « sentiment ». Elle est présente en tout et ne s'enferme en rien.

41. Méré : le couronnement de toutes les vertus.

Je ne comprends[2] rien sous le ciel au-dessus de l'honnêteté ; c'est la quintessence de toutes les vertus ; et ceux qui ne l'ont point sont mal reçus parmi les personnes de bon goût, et même quand ils parlent des choses du monde, c'est pour l'ordinaire de si mauvaise grâce qu'on ne les peut souffrir. Cette science est proprement celle de l'homme[3], parce qu'elle consiste à vivre et à se communiquer d'une manière humaine et raisonnable. Celui qui l'aurait de son naturel, comme on la peut acquérir sans étude, quand il ne saurait que cela, ne serait pas un ignorant. Je crois néanmoins que, pour exceller dans cette science, on ne saurait avoir assez de lumière, et que tout ce qu'on apprend de rare et d'aimable y contribue[4] ; mais il y a une étude particulière, qui regarde le monde, et je vois que les meilleurs esprits, et les plus savants, à moins que de l'avoir observé, n'y marchent guère sans faire de faux pas.

Il faut donc s'instruire, le plus qu'on peut, des choses de la vie, et ce n'est point ce qu'on appelle « morale » ni « politique », au moins comme on en donne des préceptes ; car j'ai vu des gens, qui savaient tout ce qui s'en montre, et qu'on trouvait de mauvaise compagnie, parce qu'ils ne savaient pas vivre[5] ; et j'en connais d'autres qui n'ont appris que le monde, et qu'on reçoit partout agréablement. Cet avantage paraît à pratiquer de bonne grâce les manières qu'on aime dans le

---

1. Remarquer que le développement piétine ; 2. *Comprendre* : concevoir ; 3. Donner à cette formule son sens plein : la manifestation la plus authentique de la plénitude humaine ; 4. Voir texte 39, paragraphe 3 ; 5. Suppose intuition et tact.

──────── QUESTIONS ────────

40. Ce texte n'offre-t-il pas une première approximation de la fameuse opposition pascalienne entre l'esprit de finesse et l'esprit de géométrie ?

En rapprochant ce texte de celui de Voltaire (n° 43), ne voit-on pas nettement se dégager les faiblesses de cette éducation uniquement mondaine ?

commerce de la vie, et je remarque en cela un génie bien rare et bien à rechercher, qui ne vient pas moins du goût et du sentiment, que de l'esprit et de l'intelligence. C'est ce génie qui pénètre ce qui se passe de plus secret, qui découvre par un discernement juste et subtil ce que pensent les personnes qu'on entretient, et je suis persuadé qu'on ne saurait être honnête homme ni d'une aimable conversation, sans cette adresse de savoir deviner en beaucoup de rencontres. [...]

L'honnêteté, comme j'ai dit, est le comble et le couronnement de toutes les vertus. Car peu s'en faut, que nous ne comprenions sous ce mot les plus belles qualités du cœur et de l'esprit et tout ce qu'on peut souhaiter pour être d'un aimable commerce, tant parmi les hommes, que parmi les femmes.

Discours de la vraie honnêteté (1699).

> On mettra en parallèle avec ces réflexions de Méré celles de **Pascal**, qui datent évidemment de l'époque de leur liaison (1652-1658).

42. Pascal : l'honnête homme est universel.

Les gens universels[1] ne sont appelés ni poètes ni géomètres, etc.; mais ils sont tout cela, et juges de tous ceux-là. On ne les devine point. Ils parleront de ce qu'on parlait quand ils sont entrés. On ne s'aperçoit point en eux d'une qualité plutôt que d'une autre, hors de la nécessité de la mettre en usage[2]; mais alors on s'en souvient, car il est également de ce caractère qu'on ne dise point d'eux qu'ils parlent bien, quand il n'est point question du langage, et qu'on dise d'eux qu'ils parlent bien, quand il en est question.

C'est donc une fausse louange qu'on donne à un homme quand on dit de lui, lorsqu'il entre, qu'il est fort habile en poésie; et c'est une mauvaise marque, quand on n'a pas recours à un homme quand il s'agit de juger de quelques vers.

Pensée 34 (Brunschvicg) ou 984 (Lafuma).

---

1. Voir Marx, texte n° 84; 2. Entendre qu'ils sont aussi capables de faire.

QUESTIONS

41. Que pensez-vous de ce génie de la conversation ? Y attachez-vous autant de prix que Méré ?
Replacez-le dans son contexte social.

L'homme est plein de besoins : il n'aime que ceux qui peuvent les remplir[1] tous. « C'est un bon mathématicien », dira-t-on. — Mais je n'ai que faire de mathématiques; il me prendrait pour une proposition. — « C'est un bon guerrier. » — Il me prendrait pour une place assiégée. Il faut donc un honnête homme qui puisse s'accommoder à tous mes besoins généralement.

Pensée 36 ou 985.

Puisqu'on ne peut être universel en sachant tout ce qui se peut savoir sur tout, il faut savoir peu de tout[2]. Car il est bien plus beau de savoir quelque chose de tout que de savoir tout d'une chose; cette universalité est la plus belle. Si on pouvait avoir les deux, encore mieux, mais s'il faut choisir, il faut choisir celle-là et le monde le sent et le fait, car le monde est un bon juge souvent.

Pensée 37 ou 386.

> C'était là un idéal très ambitieux. Il a guidé la pensée et la conduite des meilleurs esprits du siècle. Aujourd'hui encore, il occupe nos pensées, surtout en France, et intervient dans nos conceptions sur l'éducation.
> Mais, dans le cadre des mœurs classiques, le type de l'honnête homme connut une décadence rapide. Dès la fin du siècle, l'« aimable ignorant » dut faire place à l'idéal nouveau du « philosophe », féru de science et dispensateur de prospérité. Le voici, caricaturé sur son déclin par **Voltaire**.

43. Voltaire : l'éducation d'un jeune marquis.

Le père et la mère[3] donnèrent d'abord un gouverneur au jeune marquis; ce gouverneur, qui était un homme de bel air et qui ne savait rien[4], ne put rien enseigner à son pupille. Monsieur voulait que son fils apprît le latin, madame ne le voulait pas. Ils prirent pour arbitre un auteur qui était célèbre

---

1. *Remplir* : satisfaire; 2. Voir Montaigne, texte n° 21; 3. Ce sont des bourgeois qui viennent de faire fortune. Ils s'attribuent un titre de noblesse et veulent donner à leur fils une éducation aristocratique; 4. Voir Méré, texte n° 41.

QUESTIONS
---

42. Montrez comment, chez Pascal, la culture universelle se conjugue avec l'esprit de société.
En quoi consiste cette universalité? A quoi sert-elle?
Vous paraît-elle encore possible aujourd'hui? Dans quelles limites?

alors par des ouvrages agréables. Il fut prié à dîner. Le maître de la maison commença par lui dire : « Monsieur, comme vous savez le latin, et que vous êtes un homme de la cour...

— Moi! monsieur, du latin! je n'en sais pas un mot, répondit le bel esprit, et bien m'en a pris : il est clair qu'on parle beaucoup mieux sa langue quand on ne partage pas son application entre elle et les langues étrangères. Voyez toutes nos dames : elles ont l'esprit plus agréable que les hommes; leurs lettres sont écrites avec cent fois plus de grâce; elles n'ont sur nous cette supériorité que parce qu'elles ne savent pas le latin.

— Eh! n'avais-je pas raison? dit madame. Je veux que mon fils soit un homme d'esprit, qu'il réussisse dans le monde; et vous voyez bien que, s'il savait le latin, il serait perdu. Joue-t-on, s'il vous plaît, la comédie et l'opéra en latin? plaide-t-on en latin, quand on a un procès? » Monsieur, ébloui de ces raisons, passa condamnation, et il fut conclu que le jeune marquis ne perdrait point son temps à connaître Cicéron, Horace et Virgile. « Mais qu'apprendra-t-il donc? car encore faut-il qu'il sache quelque chose; ne pourrait-on pas lui montrer[1] un peu de géographie? — A quoi cela lui servira-t-il? répondit le gouverneur. Quand monsieur le marquis ira dans ses terres, les postillons ne sauront-ils pas les chemins? ils ne l'égareront certainement pas. On n'a pas besoin d'un quart de cercle[2] pour voyager, et on va très commodément de Paris en Auvergne sans qu'il soit besoin de savoir sous quelle latitude on se trouve.

— Vous avez raison, répliqua le père; mais j'ai entendu parler d'une belle science, qu'on appelle, je crois, l'astronomie.

— Quelle pitié! repartit le gouverneur; se conduit-on par les astres dans ce monde? et faudra-t-il que monsieur le marquis se tue à calculer une éclipse, quand il la trouve à point nommé dans l'almanach, qui lui enseigne de plus les fêtes mobiles, l'âge de la lune, et celui de toutes les princesses de l'Europe? »

Madame fut entièrement de l'avis du gouverneur. Le petit marquis était au comble de la joie; le père était très indécis. « Que faudra-t-il donc apprendre à mon fils? disait-il.

— A être aimable, répondit l'ami que l'on consultait; et s'il sait les moyens de plaire, il saura tout : c'est un art qu'il apprendra chez madame sa mère sans que ni l'un ni l'autre se donnent la moindre peine. »

---

1. *Montrer :* enseigner; 2. Rapporteur.

Madame, à ce discours, embrassa le gracieux ignorant, et lui dit : « On voit bien, monsieur, que vous êtes l'homme du monde le plus savant; mon fils vous devra toute son éducation; je m'imagine pourtant qu'il ne serait pas mal qu'il sût un peu d'histoire.

— Hélas! madame, à quoi cela est-il bon? répondit-il. Il n'y a certainement d'agréable et d'utile que l'histoire du jour. Toutes les histoires anciennes, comme le disait un de nos beaux esprits, ne sont que des fables convenues; et, pour les modernes, c'est un chaos qu'on ne peut débrouiller. Qu'importe à monsieur votre fils que Charlemagne ait institué les douze pairs de France, et que son successeur ait été bègue?

— Rien n'est mieux dit! s'écria le gouverneur : on étouffe l'esprit des enfants sous un amas de connaissances inutiles; mais de toutes les sciences, la plus absurde, à mon avis, et celle qui est la plus capable d'étouffer toute espèce de génie, c'est la géométrie. Cette science ridicule a pour objet des surfaces, des lignes et des points qui n'existent pas dans la nature. On fait passer en esprit cent mille lignes courbes entre un cercle et une ligne droite qui le touche, quoique, dans la réalité, on n'y puisse pas passer un fétu. La géométrie, en vérité, n'est qu'une mauvaise plaisanterie[1]. »

Monsieur et madame n'entendaient pas trop ce que le gouverneur voulait dire; mais ils furent entièrement de son avis.

« Un seigneur comme monsieur le marquis, continua-t-il, ne doit pas se dessécher le cerveau dans ces vaines études. Si un jour il a besoin d'un géomètre sublime pour lever le plan de ses terres, il les fera arpenter pour son argent. S'il veut débrouiller l'antiquité de sa noblesse, qui remonte aux temps les plus reculés, il enverra chercher un bénédictin. Il en est de même de tous les arts. Un jeune seigneur heureusement né n'est ni peintre, ni musicien, ni architecte, ni sculpteur[2]; mais il fait fleurir tous ces arts en les encourageant par sa magnificence. Il vaut sans doute mieux les protéger que de les exercer; il suffit que monsieur le marquis ait du goût; c'est aux artistes à travailler pour lui; et c'est en quoi on a très grande raison de dire que les gens de qualité (j'entends ceux qui sont très riches) savent tout sans avoir rien appris, parce qu'en effet ils

---

1. Pascal déjà notait l'incapacité des mondains à concevoir les abstractions de la géométrie; 2. Parodie du texte de Pascal, n° 42.

savent, à la longue, juger de toutes les choses qu'ils commandent et qu'ils payent. »

L'aimable ignorant prit alors la parole et dit : « Vous avez très bien remarqué, madame, que la grande fin de l'homme est de réussir dans la société. De bonne foi, est-ce par les sciences qu'on obtient ce succès? S'est-on jamais avisé, dans la bonne compagnie, de parler de géométrie? Demande-t-on jamais à un honnête homme quel astre se lève aujourd'hui avec le soleil? S'informe-t-on, à souper, si Clodion le Chevelu passa le Rhin?

— Non, sans doute, s'écria la marquise de la Jeannotière, que ses charmes avaient initiée quelquefois dans le beau monde; et monsieur mon fils ne doit point éteindre son génie par l'étude de tous ces fatras; mais, enfin, que lui apprendra-t-on? Car il est bon qu'un jeune seigneur puisse briller dans l'occasion, comme dit monsieur mon mari. Je me souviens d'avoir ouï dire à un abbé que la plus agréable des sciences était une chose dont j'ai oublié le nom, mais qui commence par un *b*.

— Par un *b*, madame? ne serait-ce point la botanique?

— Non, ce n'était point de botanique qu'il me parlait; elle commençait, vous dis-je, par un *b*, et finissait par un *on*.

— Ah! j'entends, madame, c'est le blason[1] : c'est, à la vérité, une science très profonde; mais elle n'est plus à la mode depuis qu'on a perdu l'habitude de faire peindre ses armes aux portières de son carrosse; c'était la chose du monde la plus utile dans un État bien policé. D'ailleurs cette étude serait infinie : il n'y a point, aujourd'hui, de barbier qui n'ait ses armoiries; et vous savez que tout ce qui devient commun est peu fêté. » Enfin, après avoir examiné le fort et le faible des sciences, il fut décidé que monsieur le marquis apprendrait à danser.

Jeannot et Colin (1764).

---

1. *Blason* : science des armoiries.

QUESTIONS

43. Relevez les disciplines éliminées et étudiez les raisons de leur rejet. Que reste-t-il de l'honnête homme?

Remarquez la place que prend en toute circonstance l'argent. Comment expliquez-vous l'insistance de Voltaire sur ce point?

L'humour de Voltaire.

III. LA PÉDAGOGIE DES PHILOSOPHES

La pédagogie des philosophes est conforme à l'objectif final du siècle des Lumières : il s'agit de conduire l'élève au plein exercice de la raison. Il faut donc veiller à discipliner les passions pour qu'elles ne fassent pas obstacle à la sagesse.

L'éducation reste réservée à une élite; mais déjà on entrevoit que, si un jour la démocratie prévalait, il faudrait donner au peuple la formation nécessaire pour faire face à ses responsabilités publiques. Bien plus, convaincu que l'humanité évolue vers un ordre mondial, Kant proclame qu'il faut élever les nouvelles générations non pour la société présente, mais pour l'avenir.

A ces conceptions, qui toutes supposent la destination sociale de l'homme, s'oppose catégoriquement la pédagogie de Rousseau. Exaltant la nature, elle affirme avec force que le principe actif de l'éducation est déposé dans le cœur de l'élève, qu'il s'agit donc simplement d'assurer son déploiement, en veillant à ce qu'il ne soit pas compromis par des influences extérieures. Ainsi se trouve réaffirmée, avec une vigueur nouvelle, la thèse des humanistes. Elle va susciter une véritable révolution pédagogique, qui se développera au cours du siècle suivant. Elle n'a pas fini aujourd'hui encore de développer ses conséquences face à une société de plus en plus tentée d'utiliser l'homme pour ses fins collectives.

Locke développe et remet à jour la pensée pédagogique de Milton. Comme Montaigne, il n'envisage l'éducation que d'un élève unique. Mais son gentleman concerne une partie plus large de la nation que son homonyme français. Il s'agit en fait de la grande et de la moyenne bourgeoisie, celle qui, grâce au développement du commerce et de l'industrie, va prendre au cours du XVIIIe siècle une place de plus en plus déterminante.

Autre trait distinctif, Locke s'intéresse au premier chef à la formation morale de l'élève. La rectitude et la fermeté du caractère, l'entraînement à la volonté et au courage, voilà pour lui les préalables obligés à l'exercice de la raison.

Cette tendance apparaît d'abord dans la mise en garde très instante contre les mauvaises habitudes, qui, comme les baobabs du Petit Prince, finissent par asservir l'homme à leur tyrannie.

« Cet habile
maistre d'escole
Accoustumé
parmi le bruit,
Que font
les enfans
qu'il instruit,
Joint les verges
à la parolle. »

Gravure
d'Abraham Bosse,
Paris,
Bibliothèque
nationale.

Phot. Larousse.

44. Locke : raison et discipline.

La grande faute où l'on tombe d'ordinaire dans l'éducation des enfants, c'est qu'on n'en a pas pris assez de soin dans le temps qu'il fallait. On n'a pas accoutumé leur esprit à une bonne discipline, pour le soumettre à la raison dès le commencement quand il était le plus en état de recevoir sans peine toute sorte d'impressions. C'est avec beaucoup de sagesse que la nature a inspiré aux parents de l'amour pour leurs enfants : mais si la raison ne modère cette affection naturelle avec une extrême circonspection, elle dégénère aisément en une indulgence excessive. Que les pères et les mères aiment leurs petits enfants, rien de plus juste; leur devoir les y oblige. Mais souvent, non contents d'aimer leurs personnes, ils vont jusqu'à chérir leurs défauts. Il ne faut pas, à les en croire, gêner, contrecarrer ces petites créatures : il faut les laisser faire tout ce qu'elles veulent. Et comme dans leur enfance elles ne sont pas encore capables de tomber dans de grands vices, les parents s'imaginent qu'on peut alors sans danger avoir de l'indulgence pour leurs petites irrégularités, et leur permettre de se divertir à ces jolis traits de malice, qui, selon eux, siéent bien à cet âge innocent. Mais pour détruire le préjugé de ces parents, qui trop passionnés pour leurs enfants n'ont pas voulu prendre la peine de les corriger d'une petite sottise, prétendant l'excuser assez, en disant que c'était peu de chose, je me contenterai de leur rappeler cette sage réponse de Solon[1] : c'est là peu de chose, il est vrai, mais ce n'est pas peu de chose que la coutume.

Notre petit mignon doit être dressé à donner des coups, et à dire des injures. Cela le divertit : il faut lui en faire leçon. Pleure-t-il pour avoir quelque chose? Il faut qu'il l'ait tout aussitôt. Il faut lui laisser faire tout ce qui lui vient en fantaisie. C'est ainsi que les parents, par une indulgence outrée pour leurs enfants encore tout petits, corrompent en eux tous les principes de la nature[2] : et ensuite ils s'étonnent de voir des ruisseaux impurs, après qu'ils en ont eux-mêmes empoisonné la source. Car lorsque les enfants sont devenus grands, et que leurs mauvaises habitudes ont crû à proportion, les parents, qui ne peuvent plus les dorloter ou badiner avec eux, commencent à dire que ce sont de petits fripons, des esprits revêches et pleins de malice; ils sont choqués de les voir opiniâtres, et

---

1. *Solon* : législateur d'Athènes (VIIe-VIe siècle av. J.-C.); 2. Remarquer qu'il s'agit de défendre la nature.

sujets à ces mauvaises inclinations qu'ils leur ont inspirées eux-mêmes, et qu'ils ont pris soin d'entretenir. Et alors qu'il est peut-être trop tard, ils seraient bien aises d'arracher ces mauvaises herbes qu'ils ont plantées de leurs propres mains, et qui ont pris trop fortes racines pour pouvoir être facilement arrachées. Car si un enfant a été accoutumé à avoir une pleine liberté de faire tout ce qu'il a voulu tandis qu'il a porté la robe, pourquoi trouverions-nous étrange qu'il prétende au même privilège, et qu'il mette tout en usage pour continuer d'en jouir lorsqu'il vient à porter le haut de chausses? [...]

Nous sommes généralement assez avisés pour songer à discipliner les animaux[1] dans le temps qu'ils sont fort jeunes, et à dresser de bonne heure toute autre créature de cette espèce que nous voulons employer à notre service. Nous ne manquons en ce point qu'à l'égard des créatures que nous mettons au monde. Après en avoir fait de méchants enfants, nous espérons follement qu'ils seront des hommes vertueux. Mais si toutes les fois qu'un enfant veut avoir des raisins ou des dragées nous lui en donnons pour l'empêcher de pleurer ou de faire une colère, pourquoi, devenu grand, se gênerait-il, si la passion l'entraîne au vin ou aux femmes? Ces objets sont aussi propres à réveiller les désirs d'un homme fait, que les dragées et les autres bagatelles qu'il demandait en pleurant lorsqu'il était petit étaient propres à exciter les désirs d'un enfant. Le mal n'est pas d'avoir des désirs conformes aux idées et aux goûts attachés aux différents âges, c'est de ne pas soumettre ces désirs à la conduite de la raison. La différence ne consiste pas à avoir ou à ne pas avoir des passions, mais à pouvoir les gouverner, et à résister efficacement à leurs impressions. Or qui n'est pas accoutumé à soumettre sa volonté à la raison des autres pendant qu'il est jeune, aura beaucoup de peine à écouter les conseils de sa propre raison, et à les suivre, lorsqu'il sera en âge de s'en servir : et il n'est pas difficile de prévoir ce que sera un tel homme.

De l'éducation des enfants, chap. II (1693).

---

1. Voir Érasme, texte n° 6.

QUESTIONS

44. Si l'on est en droit, au nom de la nature, de s'opposer aux mauvais penchants, de quelle nature s'agit-il?

C'est encore au caractère que Locke fait appel lorsqu'il s'agit d'inciter l'enfant au bien et de l'éloigner du mal. Il condamne les récompenses fondées sur l'appât du plaisir et les châtiments qui tirent leur efficacité de la peur des coups : mobiles dignes tout au plus d'une âme d'esclave. Ce qu'il faut, c'est susciter chez l'enfant un élan spontané et volontaire vers ce qui mérite l'estime.

45. Locke : former le sens de l'honneur.

Les récompenses et les peines, par lesquelles on doit tenir les enfants dans le devoir, sont d'une espèce bien différente[1], et ont un tel pouvoir, que si nous réussissons à les mettre en œuvre, il n'y aura, je pense, plus rien à faire; il ne restera plus aucune difficulté à surmonter. De tous les motifs propres à toucher une âme raisonnable, il n'y en a point de plus puissants que l'honneur et l'infamie, lorsqu'une fois on a trouvé le secret de la rendre sensible à leurs impressions. Si donc on peut inspirer aux enfants l'amour de la réputation et leur donner une idée de la honte et de l'infamie, on a mis en eux un véritable principe qui dès lors les portera continuellement au bien. Mais, dira-t-on, comment faire pour en venir à bout?

J'avoue que cela paraît d'abord avoir quelque difficulté. Mais cependant je crois que c'est une chose bien digne de nos soins de rechercher le moyen d'exciter ces idées dans l'esprit des enfants. Car c'est en cela que consiste, selon moi, le grand secret de l'éducation : il faut donc trouver ce moyen, et puis le mettre en œuvre.

Premièrement, les enfants sont fort sensibles à la louange, et peut-être plus tôt que nous ne croyons. Ils trouvent du plaisir à être loués et estimés, surtout par leurs parents et par ceux dont ils dépendent. Si donc leur père les caresse et leur donne des louanges lorsqu'ils font bien, et les regarde froidement et avec mépris lorsqu'ils font mal; et si leur mère et toutes les autres personnes qui sont autour d'eux les traitent de la même manière, ils deviendront, en peu de temps, sensibles à ce traitement; et si l'on se fait une loi d'en user toujours de même avec eux, je suis assuré que cela seul fera plus d'effet sur leur esprit, que des menaces ou des coups : châtiments qui n'ont plus aucune force dès qu'ils sont devenus communs, et qui deviennent

---

[1]. L'auteur vient de parler des friandises et des coups.

entièrement inutiles lorsqu'ils ne sont pas suivis de quelque mouvement de honte. Il faut donc s'en abstenir, ou n'y recourir que si les choses en viennent à la dernière extrémité.

En second lieu, pour faire que ces idées d'honneur et de honte s'impriment plus profondément dans l'esprit des enfants, et qu'elles soient d'un plus grand poids, il faudrait associer constamment aux louanges qu'on leur donne, ou au blâme dont on les charge, une certaine considération, ou un certain mépris, qui les affecte, non comme la récompense ou le châtiment de telle ou telle action en particulier, mais comme un avantage réservé, par un ordre nécessaire et constant, à tous ceux qui par leur conduite se sont rendus dignes de blâme ou de louange. En traitant ainsi les enfants, on leur fait sentir aussi fortement qu'il est possible, que ceux qui se rendent recommandables par leur application à bien faire sont nécessairement aimés et chéris de tout le monde, et obtiennent tous les autres avantages en conséquence de cette même application; mais que, d'un autre côté, si un enfant se rend méprisable par sa mauvaise conduite, et n'a pas soin de se maintenir en réputation, il sera infailliblement regardé par tout le monde avec indifférence et avec mépris; et que dans cet état il manquera, par une suite nécessaire, de tout ce qui pourrait le satisfaire ou lui donner du plaisir. Par ce moyen les objets de leurs désirs leur serviront comme de motif pour les porter à la vertu, une expérience continuelle leur faisant sentir, dès le commencement, que les choses qu'ils aiment n'appartiennent et ne sont données effectivement qu'à ceux qui se rendent estimables par leur bonne conduite. Si par ces voies-là vous pouvez leur inspirer de la honte pour leurs fautes (car je serais fort d'avis qu'on n'eût pas recours à d'autres punitions) et les rendre sensibles au plaisir d'être estimés, vous tournerez leur esprit comme vous voudrez; et dès lors ils se plairont à tout ce qui pourra contribuer à les rendre vertueux.

De l'éducation des enfants, chap. IV.

Il faut encore que le pédagogue sache inspirer à l'enfant le goût des études qu'il lui propose.

——————— QUESTIONS ———————

45. Que pensez-vous de cette méthode? S'agit-il d'un conditionnement? Et à quelle limite pourrait-elle le devenir?
Ou s'agit-il de la formation de la personnalité?

46. Locke : travail et jeu.

Il faut premièrement faire en sorte que rien de ce qu'on veut apprendre aux enfants ne leur devienne onéreux, ou ne leur soit imposé comme une tâche à fournir nécessairement. Toutes les choses qui sont proposées sous la contrainte deviennent aussitôt ennuyeuses et désagréables[1]. Dès lors l'esprit les regarde avec aversion, quoiqu'auparavant elles lui plussent ou lui fussent indifférentes. Ordonnez à un enfant de fouetter chaque jour sa toupie qu'il en ait envie ou non : exigez cela de lui comme un devoir auquel il soit obligé d'employer certaines heures, le matin et l'après-midi; et vous verrez qu'il sera bientôt dégoûté de ce jeu et de tout autre, à de pareilles conditions. Et n'en est-il pas de même des adultes? Ce qu'ils font de bon gré avec plaisir ne leur est-il pas à charge dès qu'ils voient qu'on les y oblige par devoir? Ayez des enfants telle idée qu'il vous plaira, il est certain qu'ils n'ont pas moins envie que le plus orgueilleux d'entre nous de faire voir qu'ils sont libres; qu'ils font de bonnes actions de leur propre mouvement; et qu'ils sont majeurs et indépendants.

Une autre chose qu'il faut observer dans l'instruction des enfants, et qui est une suite de ce que nous venons de dire, c'est que vous ne devez leur demander de faire les choses pour lesquelles vous leur avez fait naître de l'inclination que dans le temps qu'ils y sont portés. Une personne qui se plaît à lire, à écrire, à chanter, se trouve quelquefois d'une telle humeur que ces choses ne lui plaisent point du tout. Si dans ce temps-là elle veut se forcer à y appliquer son esprit, elle ne fait que se tourmenter et se chagriner inutilement. Il en est de même des enfants. Il faut donc observer avec soin le changement qui arrive à leur humeur, et être toujours prêt à profiter du temps auquel ils sont bien disposés pour certaines choses, afin de les engager alors à s'y appliquer. Que s'ils ne sont pas assez souvent portés d'eux-mêmes à apprendre ce qu'on veut leur enseigner, il faudrait les y disposer adroitement par quelque discours préliminaire. C'est là, je pense, ce qui ne serait pas fort difficile à un habile gouverneur, qui étudierait le tempérament de son élève, et qui voudrait se donner la peine de lui remplir l'esprit d'idées propres à le passionner pour le sujet dont il a dessein de l'entretenir. On épargnerait par là beaucoup de temps, sans causer aux enfants aucun ennui : car un

---
1. Voir Rabelais, texte n° 19.

Le Retour de l'école.
Peinture de J.-B. Chardin. Paris, musée du Louvre.

enfant qui est d'humeur à s'attacher à une certaine chose y fera trois fois plus de progrès que s'il y employait le double de temps et de peine en s'y appliquant à contrecœur et malgré lui. [...] Si l'on s'y prenait comme il faut, le temps que les enfants emploient à apprendre les choses qu'on veut leur enseigner servirait autant à les délasser de leurs jeux, que leurs jeux servent à les délasser de la peine qu'ils prennent à apprendre ces choses. Le travail est égal des deux côtés, et ce n'est pas là ce qui chagrine les enfants; car ils aiment à être occupés, et naturellement ils se plaisent au changement et à la diversité des occupations. Le seul avantage qu'ils trouvent en ce qu'on nomme jeu et divertissement, c'est qu'ils s'y appliquent par un pur mouvement de leur liberté; et qu'ils y emploient de gaieté de cœur leur peine, dont vous pouvez remarquer qu'ils ne sont pas grands ménagers; au lieu qu'ils sont poussés et entraînés par force à ce qu'ils doivent apprendre, ce qui dès l'entrée les rebute, et refroidit l'ardeur qu'ils pourraient avoir pour ces études. Leur liberté ne s'accommode point de ce joug qu'on veut leur imposer. Mais faites seulement en sorte qu'ils demandent à leur gouverneur de leur donner leçon, comme ils prient souvent leurs camarades de leur enseigner certains jeux; et vous verrez qu'alors, contents de se voir libres en cela comme en toute autre chose, ils s'en feront un divertissement ainsi que de leurs jeux; et qu'ils s'y porteront avec autant de plaisir qu'à tous leurs amusements. Par cette méthode, ménagée avec tout le soin possible, il y a grande apparence qu'on peut inspirer à un enfant le désir d'apprendre tout ce qu'on voudra lui enseigner.

De l'éducation des enfants, chap. VIII.

> Il n'en reste pas moins que chaque enfant a ses aptitudes et ses dons propres. Les connaître doit être le premier souci du pédagogue.

47. Locke : développer le génie naturel de l'enfant.

Quiconque prend soin de l'éducation des enfants devrait étudier leur naturel et leur capacité; voir par de fréquentes

---
— QUESTIONS —

46. Que pensez-vous de la justesse de cette analyse — en particulier de la nécessité d'adapter l'enseignement aux dispositions de l'élève?

Est-ce conciliable avec un plan d'études arrêté? Peut-on concevoir un système qui permette de tourner la difficulté?

expériences quelle est leur inclination dominante, quelles impressions ils reçoivent le plus aisément, ce qui leur sied le mieux; observer quelle est l'étendue naturelle de leur esprit, comment on peut l'augmenter, et à quoi elle peut être employée; considérer ce qui leur manque, s'ils sont capables de l'acquérir à force d'application, de se le rendre naturel par la pratique; et si la chose vaut la peine d'être tentée. Car en bien des rencontres tout ce que nous pouvons faire, ou que nous devrions nous proposer, c'est de tirer le meilleur parti qu'il est possible de ce que la nature a mis dans les enfants; de prévenir les vices et les défauts auxquels tel ou tel tempérament est le plus enclin, et de lui procurer tous les avantages qu'il est capable de recevoir. On devrait, dis-je, porter le génie naturel de chaque enfant aussi loin qu'il peut aller. Mais entreprendre d'en joindre à celui qu'il a déjà un autre tout différent, c'est perdre sa peine. Tout ce qui sera ainsi plâtré ne saurait faire tout au plus qu'une fort méchante figure : on y verra toujours cet air choquant que la contrainte et l'affectation ne manquent jamais de produire.

De l'éducation des enfants, chap. v.

Au demeurant, l'objectif que Locke se propose est de former un homme du monde, comme Montaigne.

48. Locke : la fréquentation du monde.

Comme c'est à connaître les hommes que consiste la plus grande partie de notre sagesse, cette connaissance ne saurait être l'effet de quelques pensées sommaires, ou d'une grande lecture, mais plutôt le fruit de l'expérience et des observations réitérées d'un homme qui a vécu dans le monde les yeux ouverts, et qui est rompu au commerce de toutes sortes de personnes. C'est pourquoi il importe, je crois en toute occasion, de donner ces vues à un jeune homme, afin que lorsqu'il commencera à entrer dans le monde, et qu'il s'embarquera sur ce vaste océan, il ne se trouve pas dans l'état d'un pilote qui serait en pleine mer sans boussole ni carte marine, mais qu'il ait déjà quelque connaissance des écueils qui pourraient se rencontrer sur sa

───── QUESTIONS ─────

47. Que pensez-vous de cette diversité naturelle des hommes? Dans quelle mesure justifie-t-elle un enseignement diversifié?

Peut-on circonscrire d'une manière aussi tranchée le génie naturel de chacun (voir Goethe, texte n° 78)?

route, et qu'il sache par avance manier le gouvernail. Sinon il fera lamentablement naufrage avant que d'avoir été instruit par l'expérience. Un père qui ne croit pas que ce soit là ce qui importe le plus à son fils, ni qu'il soit plus nécessaire de lui donner un gouverneur habile pour cet objet, plutôt que pour lui apprendre les langues et les sciences, ne prend pas garde qu'il est beaucoup plus utile de bien juger des hommes, et de mener prudemment les affaires qu'on a à démêler avec eux, que de parler grec et latin, ou d'argumenter en forme[1], ou d'avoir la tête pleine de spéculations abstruses de physique ou de métaphysique, ou même de s'être familiarisé avec les meilleurs écrivains grecs et latins, encore qu'il soit plus convenable à un gentilhomme de bien entendre ces auteurs que d'être bon péripatéticien[2] ou bon cartésien. Car ces anciens auteurs se sont attachés à connaître l'homme, et ils en ont fait des peintures très fidèles. Mais si vous voyagez dans les parties orientales de l'Asie, vous y trouverez des gens habiles et de bon commerce sans aucune de ces connaissances. Par contre, qui n'a ni vertu, ni connaissance du monde, ni politesse, ne sera jamais, où qu'il vive, un homme accompli, ni digne d'estime.

De l'éducation des enfants, chap. IX.

Dans cette pratique de la société et du monde, l'auteur, comme Castiglione, rencontre l'écueil de l'affectation.

49. Locke : cet agrément qui ne manque jamais de plaire.

L'affectation n'est pas un défaut auquel les enfants soient d'abord sujets, ni une production de la simple nature, abandonnée à elle-même. C'est une sorte de plante qui ne croît point dans les lieux sauvages, mais dans les terres cultivées par un laboureur négligent ou maladroit. Il faut des soins, de l'instruction, et une certaine conviction intime que nous avons besoin d'être façonnés, pour devenir sujets à l'affectation. Le propre de ce vice est de s'étudier à redresser des défauts naturels. Il se propose toujours le but louable de plaire, quoiqu'il

---

1. Selon les principes de la rhétorique; 2. *Péripatéticien :* adepte d'Aristote.

QUESTIONS

---

48. Pensez-vous que, dans le monde d'aujourd'hui, la connaissance pratique des hommes ait gardé la même importance?
N'avons-nous pas trop tendance à les utiliser et à les administrer à l'aide de techniques de masse?

ne l'attrape jamais, et s'éloigne d'autant plus de l'air agréable qu'il le recherche avec plus d'acharnement. Il convient donc de mettre les jeunes gens en garde contre ce défaut, fruit d'une éducation mal comprise, dans lequel ils tombent assez souvent, ou par leur faute, ou par le comportement ridicule de ceux qui les entourent.

Quiconque prendra la peine d'examiner en quoi consiste cet agrément qui ne manque jamais de plaire, trouvera qu'il vient de l'accord naturel entre ce qu'on fait et une certaine disposition intérieure adaptée au moment, au lieu et aux personnes, qu'on ne saurait s'empêcher d'approuver. Nous ne pouvons nous empêcher d'aimer une humeur douce, civile et obligeante. Tout le monde est charmé d'un esprit libre, maître de lui-même et de toutes ses actions, qui, sans être ni bas ni rampant, est exempt de fierté et d'indolence, et n'est entaché d'aucun défaut trop voyant. On prend plaisir aux actions qui partent naturellement d'un esprit si bien fait. On les regarde comme de vraies marques de cette aimable disposition intérieure. Elles en découlent comme de source, naturelles, et sans aucun mélange de contrainte. Et c'est en cela que consiste, à mon avis, cet agrément, qui éclate dans la conduite de certaines personnes, qui donne du lustre à tout ce qu'elles font, et leur gagne le cœur de tous ceux qui les approchent, lorsque par une constante pratique elles ont si bien réglé leur extérieur, et se sont rendu si aisées toutes ces démonstrations de respect et de civilité que la nature ou la coutume ont introduites dans la conversation, qu'elles ne paraissent point artificielles ou étudiées, mais comme le produit naturel d'un cœur bien fait, qui ne respire que douceur.

De l'éducation des enfants, chap. v.

> Ces préoccupations mondaines n'empêchent pas Locke de s'intéresser aux aspects plus concrets de l'éducation. C'est ainsi qu'il recommande à son gentleman la pratique d'un métier manuel. Rousseau se souviendra de ce trait.

QUESTIONS
---

49. Ce texte (voir § 1) ne contient-il pas une excellente analyse des sources de la préciosité?

Relevez ce souci des relations humaines, caractéristique de la culture mondaine (voir : Castiglione, texte n° 2; Rabelais, texte n° 18; Montaigne, texte n° 24; Méré, texte n° 41; Pascal, texte n° 42).

50. Locke : apprendre un métier.

J'ai une autre chose à ajouter. Mais je ne l'aurai pas plutôt proposée, qu'on m'accusera, je le crains, d'avoir oublié le sujet de cet ouvrage. En effet, j'ai dit plus haut qu'en traitant de l'éducation je n'avais dessein de parler que de ce qui regarde la profession d'un gentilhomme, avec laquelle un métier semble être tout à fait incompatible. Et cependant, je ne peux m'empêcher de le dire, je crois qu'un gentilhomme devrait apprendre un métier, j'entends un métier d'artisan, qui exige le travail des mains : je serais même d'avis qu'il en apprît deux ou trois, mais un seul plus particulièrement.

Comme on doit toujours tourner l'humeur agissante des enfants vers des activités qui puissent leur être utiles, on considérera ici deux sortes d'utilité. Il faut voir, en premier lieu, si l'habileté qu'on acquiert par cet effort est estimable en elle-même. A ce compte, les langues et les sciences ne sont pas les seules choses dignes de l'application des hommes : l'art du peintre, du tourneur, du jardinier, la trempe et le travail du fer, en un mot, tous les arts utiles à la société méritent qu'on s'y rende habile. En second lieu, il faut examiner si cette activité, considérée en elle-même, n'est pas nécessaire ou utile à la santé. Il y a des connaissances si nécessaires aux jeunes enfants, qu'ils doivent employer une partie de leur temps à les acquérir, quoique ces occupations ne contribuent point du tout à leur santé. Tel est le soin de lire, et d'écrire, et toutes les autres études sédentaires, qui ne tendent qu'à perfectionner l'esprit. On ne peut en dispenser des enfants de bonne maison, dès qu'ils sont en état de s'y appliquer. Par contre, certains métiers qu'on apprend et qu'on pratique en faisant usage des forces du corps contribuent non seulement à nous rendre plus adroits, mais aussi plus sains et plus vigoureux : de ce nombre sont d'abord ceux qu'on est obligé d'exercer en plein air. C'est donc quelques-uns de ces métiers qu'on devrait choisir pour les faire servir de divertissement aux enfants, qui doivent employer la meilleure partie de leur temps à l'étude.

De l'éducation des enfants, chap. XXV.

───────── QUESTIONS ─────────

50. Quelles sont les raisons qui, selon Locke, justifient l'apprentissage d'un métier ?

Comparez ses arguments à ceux de Rousseau (voir texte n° 64).

Montesquieu ne parle d'éducation que très occasionnellement. Mais les quelques pages qu'il consacre à ce sujet sont significatives. Conformément à son système, il fait apparaître que les conceptions et les lois de l'éducation, comme celles qui régissent la justice ou les mœurs, sont en rapport avec la forme du gouvernement et avec le principe qui l'anime. On n'élève pas le citoyen d'une démocratie comme le sujet d'une monarchie, voire d'un régime despotique. C'est la première fois, sans doute, que la corrélation entre le régime politique et l'éducation est si nettement mise en lumière.

51. Montesquieu : que les lois de l'éducation doivent être relatives aux principes[1] du gouvernement.

Les lois[2] de l'éducation sont les premières que nous recevons[3]. Et, comme elles nous préparent à être citoyens, chaque famille particulière doit être gouvernée sur le plan de la grande famille[4] qui les comprend toutes.

Si le peuple en général a un principe, les parties qui le composent, c'est-à-dire les familles, l'auront aussi. Les lois de l'éducation seront donc différentes dans chaque espèce de gouvernement. Dans les monarchies, elles auront pour objet l'honneur; dans les républiques, la vertu; dans le despotisme, la crainte.

De l'esprit des lois, livre IV, chapitre premier (1748).

52. Montesquieu : de l'éducation dans les monarchies.

Ce n'est point dans les maisons publiques[5] où l'on instruit l'enfance, que l'on reçoit dans les monarchies la principale[6] éducation; c'est lorsque l'on entre dans le monde, que l'éducation en quelque façon commence. Là est l'école de ce que l'on appelle l'*honneur*, ce maître universel qui doit partout nous conduire.

C'est là que l'on voit et que l'on entend toujours dire trois choses : « Qu'il faut mettre dans les vertus une certaine

---

1. *Principe* : force qui anime chaque type de gouvernement; 2. *Loi* : discipline; 3. *Recevoir* : subir; 4. *La grande famille* : le peuple; 5. *Les maisons publiques* : les écoles; 6. Entendre que les écoles existent, mais ce n'est pas leur enseignement qui détermine le comportement politique.

QUESTIONS

51. Pourquoi l'éducation est-elle en rapport étroit avec la forme de gouvernement?

noblesse, dans les mœurs une certaine franchise, dans les manières une certaine politesse. »

Les vertus qu'on nous y montre sont toujours moins ce que l'on doit aux autres, que ce que l'on se doit à soi-même[1] : elles ne sont pas tant ce qui nous appelle vers nos concitoyens, que ce qui nous en distingue.

On n'y juge pas les actions des hommes comme bonnes, mais comme belles; comme justes, mais comme grandes; comme raisonnables, mais comme extraordinaires.

Dès que l'honneur y peut trouver quelque chose de noble, il est ou le juge[2] qui les rend légitimes, ou le sophiste[3] qui les justifie.

Il permet la galanterie[4] lorsqu'elle est unie à l'idée des sentiments du cœur[5], ou à l'idée de conquête; et c'est la vraie raison pour laquelle les mœurs ne sont jamais si pures dans les monarchies que dans les gouvernements républicains.

Il permet la ruse lorsqu'elle est jointe à l'idée de la grandeur de l'esprit ou de la grandeur des affaires, comme dans la politique, dont les finesses[6] ne l'offensent pas.

Il ne défend l'adulation que lorsqu'elle est séparée de l'idée d'une grande fortune[7], et n'est jointe qu'au sentiment de sa propre bassesse.

A l'égard des mœurs, j'ai dit que l'éducation des monarchies doit y mettre une certaine franchise[8]. On y veut donc de la vérité dans les discours. Mais est-ce par amour pour elle? point du tout. On la veut, parce qu'un homme qui est accoutumé à la dire paraît être hardi et libre. En effet, un tel homme semble ne dépendre que des choses, et non pas de la manière dont un autre les reçoit[9].

C'est ce qui fait qu'autant qu'on y recommande cette espèce de franchise, autant on y méprise celle du peuple, qui n'a que la vérité et la simplicité pour objet[10].

Enfin, l'éducation dans les monarchies exige dans les manières une certaine politesse. Les hommes, nés pour vivre ensemble, sont nés aussi pour se plaire; et celui qui n'observerait pas les

---

1. Voir l'insistance des héros cornéliens sur leur « gloire »; 2. *Juge* : justifie les gestes à panache par leurs fins morales; 3. *Sophiste* : use d'arguments spécieux; 4. *Galanterie* : amour libre; 5. *Sentiments du cœur* : passion; 6. *Finesse* : démarche subtile et tortueuse; 7. *Fortune* : ambition; 8. Peut surprendre, mais, chez Montesquieu, la monarchie suppose le franc-parler des grands. La flatterie inspirée par la peur relève du despotisme; 9. *Recevoir* : interpréter; 10. Qui émane de la sincérité.

bienséances[1], choquant tous ceux avec qui il vivrait, se décréditerait au point qu'il deviendrait incapable de faire aucun bien.

Mais ce n'est pas d'une source si pure[2] que la politesse a coutume de tirer son origine. Elle naît de l'envie de se distinguer. C'est par orgueil que nous sommes polis : nous nous sentons flattés d'avoir des manières qui prouvent que nous ne sommes pas dans la bassesse, et que nous n'avons pas vécu avec cette sorte de gens que l'on a abandonnés[3] dans tous les âges.

Dans les monarchies, la politesse est naturalisée à la cour. Un homme excessivement grand[4] rend tous les autres petits. De là les égards que l'on doit à tout le monde; de là naît la politesse, qui flatte autant ceux qui sont polis que ceux à l'égard de qui ils le sont; parce qu'elle fait comprendre qu'on est de la cour, ou qu'on est digne d'en être.

L'air de la cour consiste à quitter sa grandeur propre, pour une grandeur empruntée. Celle-ci flatte plus un courtisan que la sienne même. Elle donne une certaine modestie superbe qui se répand au loin, mais dont l'orgueil diminue insensiblement, à proportion de la distance où l'on est de la source de cette grandeur.

On trouve à la cour une délicatesse[5] de goût en toutes choses, qui vient d'un usage continuel des superfluités d'une grande fortune, de la variété, et surtout de la lassitude des plaisirs, de la multiplicité, de la confusion même des fantaisies, qui, lorsqu'elles sont agréables, y sont toujours reçues.

C'est sur toutes ces choses que l'éducation se porte pour faire ce qu'on appelle l'honnête homme, qui a toutes les qualités et toutes les vertus que l'on demande dans ce gouvernement.

De l'esprit des lois, livre IV, chap. II.

53. Montesquieu : de l'éducation dans le gouvernement despotique.

Comme l'éducation dans les monarchies ne travaille qu'à élever le cœur, elle ne cherche qu'à l'abaisser dans les États

---

1. Voir Castiglione, texte n° 39; 2. La volonté de faire du bien; 3. *Abandonnés* : dont on s'est détourné; 4. Le monarque; 5. *Délicatesse* : raffinement qui rend difficile.

QUESTIONS

52. Ces réflexions concernent-elles le peuple tout entier ou une classe seulement?

Quel est le souci exclusif qui explique tout le comportement du noble? Pourquoi ce resserrement autour de la gloire personnelle?

Ne peut-on concevoir l'honnête homme dans un cadre plus général que celui de la monarchie?

despotiques. Il faut qu'elle y soit servile. Ce sera un bien, même dans le commandement, de l'avoir eue telle, personne n'y étant tyran sans être en même temps esclave.

L'extrême obéissance suppose de l'ignorance dans celui qui obéit; elle en suppose même dans celui qui commande; il n'a point à délibérer, à douter, ni à raisonner; il n'a qu'à vouloir.

Dans les États despotiques, chaque maison est un empire séparé. L'éducation, qui consiste principalement à vivre avec les autres, y est donc très bornée; elle se réduit à mettre la crainte dans le cœur, et à donner à l'esprit la connaissance de quelques principes de religion fort simples. Le savoir y sera dangereux, l'émulation funeste[1] : et, pour les vertus, Aristote ne peut croire qu'il y en ait quelqu'une de propre aux esclaves; ce qui bornerait bien l'éducation dans ce gouvernement.

L'éducation y est donc en quelque façon nulle. Il faut ôter tout, afin de donner quelque chose; et commencer par faire un mauvais sujet, pour faire un bon esclave.

Eh! pourquoi l'éducation s'attacherait-elle à y former un bon citoyen qui prît part au malheur public? S'il aimait l'État, il serait tenté de relâcher les ressorts du gouvernement; s'il ne réussissait pas, il se perdrait; s'il réussissait, il courrait risque de se perdre, lui le prince, et l'empire.

De l'esprit des lois, livre IV, chap. III.

54. Montesquieu : de l'éducation dans le gouvernement républicain.

C'est dans le gouvernement républicain que l'on a besoin de toute la puissance de l'éducation[2]. La crainte des gouvernements despotiques naît d'elle-même parmi les menaces et les châtiments; l'honneur des monarchies est favorisé par les passions, et les favorise à son tour; mais la vertu politique est un renoncement à soi-même, qui est toujours une chose très pénible.

On peut définir cette vertu, l'amour des lois et de la patrie. Cet amour, demandant une préférence continuelle de l'intérêt public au sien propre, donne toutes les vertus particulières; elles ne sont que cette préférence.

---

1. Voir, dans « la Philosophie des lumières dans sa dimension européenne », Voltaire, *De l'horrible danger de la lecture* (tome II, page 108); 2. Voir Dewey, texte n° 105.

— QUESTIONS —

53. Développez la corrélation entre ignorance et despotisme.

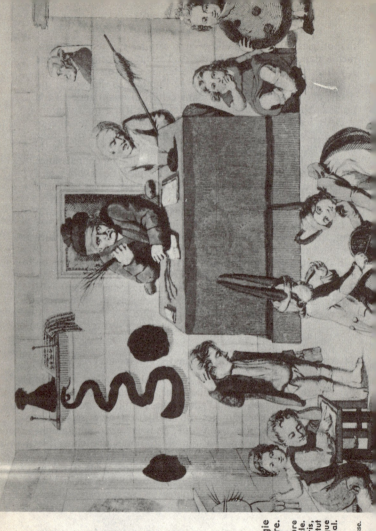

Une pédagogie bien particulière.

Gravure du XVIIIe siècle. Paris, musée de l'Institut pédagogique national.

Phot. Larousse.

Cet amour est singulièrement affecté[1] aux démocraties. Dans elles seules, le gouvernement est confié à chaque citoyen. Or, le gouvernement est comme toutes les choses du monde : pour le conserver, il faut l'aimer.

On n'a jamais ouï dire que les rois n'aimassent pas la monarchie, et que les despotes haïssent le despotisme.

Tout dépend donc d'établir dans la république cet amour; et c'est à l'inspirer que l'éducation doit être attentive. Mais, pour que les enfants puissent l'avoir, il y a un moyen sûr : c'est que les pères l'aient eux-mêmes.

On est ordinairement le maître de donner à ses enfants ses connaissances; on l'est encore plus de leur donner ses passions.

Si cela n'arrive pas, c'est que ce qui a été fait dans la maison paternelle est détruit par les impressions du dehors.

Ce n'est point le peuple naissant qui dégénère; il ne se perd que lorsque les hommes faits sont déjà corrompus.

De l'esprit des lois, livre IV, chap. v.

> Bien plus tard, ces vues théoriques deviendront actuelles en France, lorsque, au cours de la Révolution, on s'attellera à la tâche de définir concrètement les objectifs et les modalités d'une école démocratique. C'est Condorcet qui sera chargé d'élaborer le projet. Il se trouvera alors en face de ce problème, qui n'est pas encore résolu de nos jours : comment donner au peuple, qui n'a pas le loisir de se consacrer à l'étude, les connaissances nécessaires à l'exercice lucide et raisonnable de ses responsabilités civiques?

55. Condorcet : on peut instruire la masse entière d'un peuple.

L'égalité d'instruction que l'on peut espérer d'atteindre, mais qui doit suffire, est celle qui exclut toute dépendance, ou forcée, ou volontaire[2]. Nous montrerons, dans l'état actuel des connaissances humaines, les moyens faciles de parvenir à ce but, même pour ceux qui ne peuvent donner à l'étude qu'un

---

1. *Affecté* : réservé; 2. Cela délimite nettement l'objectif de l'éducation primaire.

QUESTIONS

54. Montesquieu pense que l'amour des responsabilités demande à être cultivé dans une démocratie : qu'en pensez-vous? L'intérêt ne suffit-il pas?

Appréciez l'influence des *hommes faits* sur la jeunesse.

Qu'arrive-t-il lorsque le régime démocratique se corrompt (voir Platon, *la République*, VIII)?

petit nombre de leurs premières années, et dans le reste de leur vie, quelques heures de loisir. Nous ferons voir que par un choix heureux et des connaissances elles-mêmes et des méthodes de les enseigner, on peut instruire la masse entière d'un peuple de tout ce que chaque homme a besoin de savoir pour l'économie domestique, pour l'administration de ses affaires, pour le libre développement de son industrie et de ses facultés, pour connaître ses droits, les défendre et les exercer; pour être instruit de ses devoirs, pour pouvoir les bien remplir, pour juger ses actions et celles des autres d'après ses propres lumières, et n'être étranger à aucun des sentiments élevés ou délicats qui honorent la nature humaine; pour ne point dépendre aveuglément de ceux à qui il est obligé de confier le soin de ses affaires ou l'exercice de ses droits; pour être en état de les choisir et de les surveiller, pour n'être plus la dupe de ces erreurs populaires qui tourmentent la vie de craintes superstitieuses et d'espérances chimériques; pour se défendre contre les préjugés avec les seules forces de la raison; enfin, pour échapper aux prestiges du charlatanisme, qui tendrait des pièges à sa fortune, à sa santé, à la liberté de ses opinions et de sa conscience, sous prétexte de l'enrichir, de le guérir et de le sauver.

Dès lors, les habitants d'un même pays n'étant plus distingués entre eux par l'usage d'une langue plus grossière ou plus raffinée, pouvant également se gouverner par leurs propres lumières, n'étant plus bornés à la connaissance machinale des procédés d'un art et de la routine d'une profession, ne dépendant plus, ni pour les moindres affaires, ni pour se procurer la moindre instruction, d'hommes habiles qui les gouvernent par un ascendant nécessaire, il doit en résulter une égalité réelle, puisque la différence des lumières ou des talents ne peut plus élever une barrière entre des hommes à qui leurs sentiments, leurs idées, leur langage permettent de s'entendre; dont les uns peuvent avoir le désir d'être instruits par les autres, mais n'ont pas besoin d'être conduits par eux; dont les uns peuvent vouloir confier aux plus éclairés le soin de les gouverner, mais non être forcés de le leur abandonner avec une aveugle confiance.

*Esquisse d'un tableau historique
des progrès de l'esprit humain*, X^e époque (1794).

───── QUESTIONS ─────

55. Ce programme vous paraît-il aussi facile à réaliser que Condorcet semble le croire? (Suite, v. p. 119.)

La pédagogie de **J.-J. Rousseau** ne tient que très accessoirement au siècle des Lumières. Pour l'essentiel, elle lui échappe, déplaçant et renouvelant le fondement même de toutes ses conceptions.

Son mérite le plus indiscutable est d'avoir insisté d'entrée sur l'absolue nécessité d'étudier l'enfant avant de prétendre l'éduquer. On ne s'en était guère avisé jusqu'alors. Pour l'avoir fait avec force, Rousseau doit être considéré comme le père de toute la science pédagogique moderne.

56. Rousseau : d'abord, étudier l'enfant.

On ne connaît point l'enfance : sur les fausses idées qu'on en a, plus on va, plus on s'égare. Les plus sages s'attachent à ce qu'il importe aux hommes de savoir, sans considérer ce que les enfants sont en état d'apprendre. Ils cherchent toujours l'homme dans l'enfant, sans penser à ce qu'il est avant que d'être homme. Voilà l'étude à laquelle je me suis le plus appliqué, afin que, quand toute ma méthode serait chimérique et fausse, on pût toujours profiter de mes observations. Je puis avoir très mal vu ce qu'il faut faire; mais je crois avoir bien vu le sujet sur lequel on doit opérer. Commencez donc par mieux étudier vos élèves[1], car très assurément vous ne les connaissez point; or, si vous lisez ce livre dans cette vue, je ne le crois pas sans utilité pour vous.

Émile, Préface (1762).

La doctrine pédagogique de J.-J. Rousseau est plus sujette à caution. Mais, là aussi, l'auteur pose des problèmes majeurs qui désormais seront débattus avec passion par tous ceux que préoccupent le sens et l'avenir de l'éducation.

Pour Rousseau, l'homme naturel est aussi bon qu'il peut l'être. Toute dépravation lui vient de la société. C'est dire que l'éducation consistera essentiellement à développer — ou plutôt à laisser se développer d'eux-mêmes — tous les germes que la nature a déposés en lui. Le principe actif de

---

1. Voir Tolstoï, texte n° 93.

QUESTIONS

Montrez-en la progression. Illustrez les différentes étapes par des exemples.

56. Montrez l'importance de cette observation. Que reproche Rousseau aux pédagogues antérieurs? Ce reproche vous paraît-il justifié?

Peut-on distinguer l'étude de l'enfant et la méthode pédagogique? Quel est l'intérêt de cette distinction?

l'éducation, c'est la nature : tout le soin des hommes ne peut être que d'écarter ce qui pourrait fausser ou dévoyer son action.

57. Rousseau : un mal nécessaire.

Tout est bien sortant des mains de l'Auteur des choses, tout dégénère entre les mains de l'homme. Il force une terre à nourrir les productions d'une autre, un arbre à porter les fruits d'un autre; il mêle et confond les climats, les éléments, les saisons; il mutile son chien, son cheval, son esclave; il bouleverse tout, il défigure tout, il aime la difformité, les monstres; il ne veut rien tel que l'a fait la nature, pas même l'homme; il le faut dresser pour lui, comme un cheval de manège; il le faut contourner à sa mode, comme un arbre de son jardin.

Sans cela, tout irait plus mal encore, et notre espèce ne veut pas être façonnée à demi[1]. Dans l'état où sont désormais les choses, un homme abandonné dès sa naissance à lui-même parmi les autres[2] serait le plus défiguré de tous. Les préjugés, l'autorité, la nécessité, l'exemple, toutes les institutions sociales, dans lesquelles nous nous trouvons submergés, étoufferaient en lui la nature, et ne mettraient rien à la place. Elle y serait comme un arbrisseau que le hasard fait naître au milieu d'un chemin, et que les passants font bientôt périr, en le heurtant de toutes parts et le pliant dans tous les sens. [...]

Nous naissons faibles, nous avons besoin de force; nous naissons dépourvus de tout, nous avons besoin d'assistance; nous naissons stupides, nous avons besoin de jugement. Tout ce que nous n'avons pas à notre naissance et dont nous avons besoin étant grands, nous est donné par l'éducation.

Émile, livre premier, début.

---

1. Il faut s'en remettre totalement à la nature ou à l'art; 2. La contagion des vices engendrée par l'état de la société.

QUESTIONS
---

57. Que pensez-vous de la formule liminaire (lignes 1-2)? Est-il vrai objectivement que l'état originel de l'homme et du monde était idéal et que le temps n'ont fait que le dégrader (voir *Discours sur l'origine de l'inégalité*)?

Mettez cette doctrine en parallèle avec les thèses des « philosophes » sur l'influence civilisatrice de la société (voir article « hommes » dans le *Dictionnaire philosophique* de Voltaire) et l'analyse marxiste : l'homme qui se constitue par le travail.

Quelle est, selon ce texte, la fonction de l'éducation (voir §§ 2 et 3)?

Toute la science de l'éducation consiste à mettre en accord le lent épanouissement de la nature en nous (sur lequel nous ne pouvons rien) avec, d'une part, l'éducation que nous dispensent les hommes et, d'autre part, les conditions d'existence que nous dictent les choses.

58. Rousseau : les trois éducations.

Cette éducation nous vient de la nature, ou des hommes ou des choses. Le développement interne de nos facultés et de nos organes est l'éducation de la nature[1] ; l'usage qu'on nous apprend à faire[2] de ce développement est l'éducation des hommes ; et l'acquis de notre propre expérience sur les objets qui nous affectent[3] est l'éducation des choses.

Chacun de nous est donc formé par trois sortes de maîtres. Le disciple dans lequel leurs diverses leçons se contrarient est mal élevé, et ne sera jamais d'accord avec lui-même ; celui dans lequel elles tombent toutes sur les mêmes points, et tendent aux mêmes fins, va seul à son but et vit conséquemment. Celui-là seul est bien élevé.

Or, de ces trois éducations différentes, celle de la nature ne dépend point de nous ; celle des choses n'en dépend qu'à certains égards. Celle des hommes est la seule dont nous soyons vraiment les maîtres ; encore ne le sommes-nous que par supposition ; car qui est-ce qui peut espérer diriger entièrement les discours et les actions de tous ceux qui environnent un enfant[4] ?

Sitôt donc que l'éducation est un art, il est presque impossible qu'elle réussisse, puisque le concours[5] nécessaire à son succès ne dépend de personne. Tout ce qu'on peut faire à force de soins est d'approcher plus ou moins du but, mais il faut du bonheur pour l'atteindre.

Quel est ce but ? c'est celui même de la nature ; cela vient d'être prouvé. Puisque le concours des trois éducations est nécessaire à leur perfection, c'est sur celle à laquelle nous ne pouvons rien qu'il faut diriger les deux autres. Mais peut-être ce mot de *nature* a-t-il un sens trop vague ; il faut tâcher ici de le fixer.

---

1. Voir Pestalozzi, texte n° 72 ; 2. L'éducation ne crée pas les facultés : elle apprend à les utiliser ; 3. L'ensemble des règles et des contraintes que nous imposent la réalité extérieure, les choses ; 4. L'idéal sera donc de subordonner toutes les relations avec les autres hommes à la direction du précepteur ; 5. *Concours* : convergence.

122 — IDÉAUX PÉDAGOGIQUES

La nature, nous dit-on, n'est que l'habitude. Que signifie cela? N'y a-t-il pas des habitudes qu'on ne contracte que par force, et qui n'étouffent jamais la nature? Telle est, par exemple, l'habitude des plantes dont on gêne la direction verticale. La plante mise en liberté garde l'inclinaison qu'on l'a forcée à prendre; mais la sève n'a point changé pour cela sa direction primitive; et, si la plante continue à végéter, son prolongement redevient vertical. Il en est de même des inclinations des hommes. Tant qu'on reste dans le même état, on peut garder celles qui résultent de l'habitude, et qui nous sont le moins naturelles[1]; mais, sitôt que la situation change, l'habitude cesse et le naturel revient. L'éducation n'est certainement qu'une habitude. Or, n'y a-t-il pas de gens qui oublient et perdent leur éducation, d'autres qui la gardent? D'où vient cette différence? S'il faut borner le nom de *nature* aux habitudes conformes à la nature, on peut s'épargner ce galimatias.

Émile, livre premier.

> Puisque la nature, telle qu'elle s'inscrit dans l'esprit de l'enfant, est le guide souverain, rien ne doit s'opposer à son libre déploiement. C'est dire que la liberté sera le principe de l'éducation.

59. Rousseau : le premier mouvement de la nature est toujours droit.

Il est bien étrange que, depuis qu'on se mêle d'élever des enfants, on n'ait imaginé d'autre instrument pour les conduire que l'émulation, la jalousie, l'envie, la vanité, l'avidité, la vile crainte, toutes les passions les plus dangereuses, les plus promptes à fermenter, et les plus propres à corrompre l'âme[2], même avant que le corps soit formé. A chaque instruction précoce qu'on veut faire entrer dans leur tête, on plante un vice au fond de leur cœur; d'insensés instituteurs pensent faire des merveilles en les rendant méchants pour leur apprendre ce que c'est que bonté; et puis ils nous disent gravement : Tel est l'homme. Oui, tel est l'homme que vous avez fait.

---

1. Puisqu'elles sont adaptation forcée à la société; 2. Excessif. Voir : Rabelais, texte n° 20; Montaigne, texte n° 25; Locke, texte n° 45.

QUESTIONS

58. Quelle est, d'après les exemples cités, la différence entre la nature et l'habitude?
En quoi consiste le galimatias dénoncé par Rousseau?

On a essayé tous les instruments, hors un, le seul précisément qui peut réussir : la liberté bien réglée[1]. Il ne faut point se mêler d'élever un enfant quand on ne sait pas le conduire où l'on veut par les seules lois du possible et de l'impossible[2]. La sphère de l'un et de l'autre lui étant également inconnue, on l'étend, on la resserre autour de lui comme on veut[3]. On l'enchaîne, on le pousse, on le retient, avec le seul lien de la nécessité, sans qu'il en murmure : on le rend souple et docile par la seule force des choses, sans qu'aucun vice ait l'occasion de germer en lui; car jamais les passions ne s'animent tant qu'elles sont de nul effet.

Ne donnez à votre élève aucune espèce de leçon verbale; il n'en doit recevoir que de l'expérience : ne lui infligez aucune espèce de châtiment, car il ne sait ce que c'est qu'être en faute; ne lui faites jamais demander pardon[4], car il ne saurait vous offenser. Dépourvu de toute moralité[5] dans ses actions, il ne peut rien faire qui soit moralement mal et qui mérite ni châtiment ni réprimande. [...]

Posons pour maxime incontestable que les premiers mouvements de la nature sont toujours droits : il n'y a point de perversité originelle dans le cœur humain; il ne s'y trouve pas un seul vice dont on ne puisse dire comment et par où il y est entré. La seule passion naturelle à l'homme est l'amour de soi-même[6], ou l'amour-propre pris dans un sens étendu. Cet amour-propre en soi ou relativement à nous est bon et utile; et, comme il n'a point de rapport nécessaire à autrui[7], il est à cet égard naturellement indifférent; il ne devient bon et mauvais que par l'application qu'on en fait et les relations qu'on lui donne. Jusqu'à ce que le guide de l'amour-propre, qui est la raison, puisse naître, il importe donc qu'un enfant ne fasse rien parce qu'il est vu ou entendu, rien en un mot par rapport aux autres, mais seulement ce que la nature lui demande; et alors il ne fera rien que de bien.

Je n'entends pas qu'il ne fera jamais de dégât[8], qu'il ne se blessera point, qu'il ne brisera pas peut-être un meuble de prix s'il le trouve à sa portée. Il pourrait faire beaucoup de

---

1. Remarquer la restriction; 2. Voir le texte suivant; 3. Oblige le précepteur à des coups de pouce qu'on lui a reprochés; 4. Voir Tolstoï, texte n° 93; 5. Ce n'est qu'à la fin de sa formation que l'élève de Rousseau accède à la notion de morale; 6. Voir *Discours sur l'origine de l'inégalité* (I`re partie); 7. L'homme à l'état de nature vit seul; 8. Voir : Tolstoï, texte n° 93; Makarenko, texte n° 118.

mal sans mal faire, parce que la mauvaise action dépend de l'intention de nuire, et qu'il n'aura jamais cette intention. S'il l'avait une seule fois, tout serait déjà perdu ; il serait méchant presque sans ressource.

Émile, livre II.

> Tout l'art du pédagogue est d'élever l'enfant sans empiéter sur sa liberté. Jamais il ne lui donnera d'ordre. Si l'enfant s'écarte du vrai et du bien, la sanction des faits — que le maître au besoin favorisera — doit suffire pour le ramener dans le droit chemin.

60. Rousseau : les deux dépendances.

Le seul qui fait sa volonté est celui qui n'a pas besoin, pour la faire, de mettre les bras d'un autre au bout des siens : d'où il suit que le premier de tous les biens n'est pas l'autorité[1], mais la liberté. L'homme vraiment libre ne veut que ce qu'il peut, et fait ce qu'il lui plaît[2]. Voilà ma maxime fondamentale. Il ne s'agit que de l'appliquer à l'enfance, et toutes les règles de l'éducation vont en découler. [...]

Il y a deux sortes de dépendances : celle des choses, qui est de la nature[3] ; celle des hommes, qui est de la société. La dépendance des choses, n'ayant aucune moralité, ne nuit point à la liberté, et n'engendre point de vices ; la dépendance des hommes étant désordonnée[4] les engendre tous, et c'est par elle que le maître et l'esclave se dépravent mutuellement. S'il y a quelque moyen de remédier à ce mal dans la société, c'est de substituer la loi à l'homme, et d'armer les volontés générales d'une force réelle, supérieure à l'action de toute volonté particulière[5]. Si les lois des nations pouvaient avoir, comme celles de la nature, une inflexibilité que jamais aucune force humaine ne pût vaincre, la dépendance des hommes redeviendrait alors celle des choses ; on réunirait dans la république tous les avantages de l'état

---

1. Ce n'est que le moyen d'obliger les autres à pourvoir à nos déficiences ; 2. Voir la règle de Thélème, texte n° 20 ; 3. Nécessité physique ; 4. *Désordonnée :* soumise à aucune loi naturelle ; 5. C'est le principe du *Contrat social*.

QUESTIONS

59. Que pensez-vous de la *maxime incontestable* énoncée par Rousseau ? Lorsque le précepteur s'arrange pour déclencher contre les agissements de son élève la sanction des faits, n'y a-t-il pas là un risque sérieux ?

naturel à ceux de l'état civil; on joindrait à la liberté qui maintient l'homme exempt de vices, la moralité qui l'élève à la vertu.

Maintenez l'enfant dans la seule dépendance des choses, vous aurez suivi l'ordre de la nature dans le progrès de son éducation. N'offrez jamais à ses volontés indiscrètes[1] que des obstacles physiques ou des punitions qui naissent des actions mêmes, et qu'il se rappelle dans l'occasion : sans lui défendre de mal faire, il suffit de l'en empêcher. L'expérience ou l'impuissance doivent seules lui tenir lieu de loi. N'accordez rien à ses désirs parce qu'il le demande, mais parce qu'il en a besoin. Qu'il ne sache ce que c'est qu'obéissance quand il agit, ni ce que c'est qu'empire[2] quand on agit pour lui. Qu'il sente également sa liberté dans ses actions et dans les vôtres. Suppléez à la force qui lui manque, autant précisément qu'il en a besoin pour être libre et non pas impérieux; qu'en recevant vos services avec une sorte d'humiliation, il aspire au moment où il pourra s'en passer, et où il aura l'honneur de se servir lui-même.

Émile, livre II.

> Pour stimuler l'ardeur de son élève, Rousseau recommande de le mettre en face des difficultés et de l'inciter à trouver la solution par un effort personnel de réflexion. Point de ces maîtres lyriques, qui, incapables de faire la part de leur expérience d'adultes, s'épuisent à communiquer à des enfants des impressions qu'ils ne sont pas en état de partager.

61. Rousseau : éveiller la curiosité de l'enfant et le laisser faire.

Vous voulez apprendre la géographie à cet enfant, et vous lui allez chercher des globes, des sphères, des cartes : que de machines ! Pourquoi toutes ces représentations ? que ne commencez-vous par lui montrer l'objet même, afin qu'il sache au moins de quoi vous lui parlez !

---

1. *Indiscret* : sans discernement; 2. *Empire* : autorité.

— QUESTIONS —

60. Pensez-vous que la nécessité naturelle soit aussi immuable que Rousseau le prétend ?

Pensez-vous que la meilleure garantie de la liberté soit de soumettre tous les citoyens à la loi de fer de la volonté générale ?

Partagez-vous ce sentiment d'humiliation que Rousseau éprouve à recourir au service d'autrui ?

Une belle soirée, on va se promener dans un lieu favorable, où l'horizon bien découvert laisse voir à plein le soleil couchant, et l'on observe les objets qui rendent reconnaissable le lieu de son coucher. Le lendemain, pour respirer le frais, on retourne au même lieu avant que le soleil se lève. On le voit s'annoncer de loin par les traits de feu qu'il lance au-devant de lui. L'incendie augmente, l'orient paraît tout en flammes ; à leur éclat on attend l'astre longtemps avant qu'il se montre ; à chaque instant on croit le voir paraître : on le voit enfin. Un point brillant part comme un éclair et remplit aussitôt tout l'espace ; le voile des ténèbres s'efface et tombe. L'homme reconnaît son séjour et le trouve embelli. La verdure a pris durant la nuit une vigueur nouvelle ; le jour naissant qui l'éclaire, les premiers rayons qui la dorent, la montrent couverte d'un brillant réseau de rosée qui réfléchit à l'œil la lumière et les couleurs. Les oiseaux en chœur se réunissent et saluent de concert le Père de la vie ; en ce moment pas un seul ne se tait ; leur gazouillement, faible encore, est plus lent et plus doux que dans le reste de la journée, il se sent de la langueur d'un paisible réveil. Le concours de tous ces objets porte aux sens une impression de fraîcheur qui semble pénétrer jusqu'à l'âme. Il y a là une demi-heure d'enchantement, auquel nul homme ne résiste ; un spectacle si grand, si beau, si délicieux, n'en laisse aucun de sang-froid.

Plein de l'enthousiasme qu'il éprouve, le maître veut le communiquer à l'enfant ; il croit l'émouvoir en le rendant attentif aux sensations dont il est ému lui-même. Pure bêtise ! c'est dans le cœur de l'homme qu'est la vie du spectacle de la nature[1] ; pour le voir, il faut le sentir. L'enfant aperçoit les objets, mais il ne peut apercevoir les rapports qui les lient, il ne peut entendre la douce harmonie de leur concert. Il faut une expérience qu'il n'a point acquise, il faut des sentiments qu'il n'a point éprouvés, pour sentir l'impression composée[2] qui résulte à la fois de toutes ces sensations. S'il n'a longtemps parcouru des plaines arides, si des sables ardents n'ont brûlé ses pieds, si la réverbération suffocante des rochers frappés du soleil ne l'oppressa jamais, comment goûtera-t-il l'air frais d'une belle matinée ? Comment le parfum des fleurs, le charme de la verdure, l'humide vapeur de la rosée, le marcher mol et doux sur la pelouse enchanteront-ils ses sens ? Comment le

---

1. Belle formule ; 2. Complexe.

chant des oiseaux lui causera-t-il une émotion voluptueuse, si les accents de l'amour et du plaisir lui sont encore inconnus ? Avec quels transports verra-t-il naître une si belle journée, si son imagination ne sait pas lui peindre ceux dont on peut la remplir ? Enfin comment s'attendrira-t-il sur la beauté du spectacle de la nature, s'il ignore quelle main prit soin de l'orner[1] ?

Ne tenez point à l'enfant des discours qu'il ne peut entendre. Point de descriptions, point d'éloquence, point de figures, point de poésie. Il n'est pas maintenant question de sentiment ni de goût. Continuez d'être clair, simple et froid ; le temps ne viendra que trop tôt de prendre un autre langage[2].

Élevé dans l'esprit de nos maximes, accoutumé à tirer tous ses instruments[3] de lui-même, et à ne recourir jamais à autrui qu'après avoir reconnu son insuffisance, à chaque nouvel objet qu'il voit il l'examine longtemps sans rien dire. Il est pensif et non questionneur. Contentez-vous de lui présenter à propos les objets ; puis, quand vous verrez sa curiosité suffisamment occupée, faites-lui quelque question laconique qui le mette sur la voie de la résoudre.

Dans cette occasion, après avoir bien contemplé avec lui le soleil levant, après lui avoir fait remarquer du même côté les montagnes et les autres objets voisins, après l'avoir laissé causer là-dessus tout à son aise, gardez quelques moments le silence comme un homme qui rêve, et puis vous lui direz : Je songe qu'hier au soir le soleil s'est couché là, et qu'il s'est levé là ce matin. Comment cela peut-il se faire[4] ? N'ajoutez rien de plus : s'il vous fait des questions, n'y répondez point ; parlez d'autre chose. Laissez-le à lui-même, et soyez sûr qu'il y pensera.

Émile, livre III.

D'ailleurs, Rousseau abomine l'enseignement livresque. Le seul livre qui trouve grâce à ses yeux, c'est *Robinson Crusoé* : son île est l'Eldorado des méthodes actives.

---

1. On ne parle pas de Dieu à Émile avant douze ans ; 2. A l'âge des passions ; 3. Moyens de connaître ; 4. Voir : Montaigne, texte nº 23 ; Comenius, texte nº 31.

QUESTIONS
---

61. Ce précepte (lignes 1-5) n'a-t-il pas gardé toute son actualité ? Pensez-vous que l'enfant soit insensible aux beautés de la nature ? Le précepte final est excellent : peut-on toujours l'appliquer ?

L'enfant peut-il redécouvrir par lui-même toutes les connaissances humaines ?

62. Rousseau : à l'épreuve des réalités pratiques.

Je hais les livres; ils n'apprennent qu'à parler de ce qu'on ne sait pas. On dit qu'Hermès grava sur des colonnes les éléments des sciences, pour mettre ses découvertes à l'abri d'un déluge. S'il les eût bien imprimées dans la tête des hommes, elles s'y seraient conservées par tradition. Des cerveaux bien préparés sont les monuments où se gravent le plus sûrement les connaissances humaines.

N'y aurait-il point moyen de rapprocher tant de leçons éparses dans tant de livres, de les réunir sous un objet commun qui pût être facile à voir, intéressant à suivre, et qui pût servir de stimulant, même à cet âge? Si l'on peut inventer une situation où tous les besoins naturels de l'homme se montrent d'une manière sensible à l'esprit d'un enfant, et où les moyens de pourvoir à ces mêmes besoins se développent successivement avec la même facilité, c'est par la peinture vive et naïve de cet état qu'il faut donner le premier exercice à son imagination.

Philosophe ardent, je vois déjà s'allumer la vôtre. Ne vous mettez pas en frais; cette situation est trouvée, elle est décrite, et, sans vous faire tort, beaucoup mieux que vous ne la décririez vous-même, du moins avec plus de vérité et de simplicité. Puisqu'il nous faut absolument des livres, il en existe un qui fournit, à mon gré, le plus heureux traité d'éducation naturelle. Ce livre sera le premier que lira mon Émile; seul il composera durant longtemps toute sa bibliothèque, et il y tiendra toujours une place distinguée. Il sera le texte auquel tous nos entretiens sur les sciences naturelles ne serviront que de commentaire. Il servira d'épreuve durant nos progrès à l'état de notre jugement; et, tant que notre goût ne sera pas gâté, sa lecture nous plaira toujours. Quel est donc ce merveilleux livre? Est-ce Aristote? est-ce Pline? est-ce Buffon? Non; c'est *Robinson Crusoé*[1].

Robinson Crusoé dans son île, seul, dépourvu de l'assistance de ses semblables et des instruments de tous les arts, pourvoyant cependant à sa subsistance, à sa conservation, et se procurant même une sorte de bien-être, voilà un objet intéressant pour tout âge, et qu'on a mille moyens de rendre agréable aux enfants. Voilà comment nous réalisons l'île déserte qui me

---

1. Le roman de Daniel Defoe (1719), qui narre les aventures d'un naufragé survivant seul durant vingt-sept années sur une île de l'embouchure de l'Orénoque.

servait d'abord de comparaison. Cet état n'est pas, j'en conviens, celui de l'homme social; vraisemblablement il ne doit pas être celui d'Émile : mais c'est sur ce même état qu'il doit apprécier tous les autres. Le plus sûr moyen de s'élever au-dessus des préjugés et d'ordonner ses jugements sur les vrais rapports des choses, est de se mettre à la place d'un homme isolé, et de juger de tout comme cet homme en doit juger lui-même, eu égard à sa propre utilité.

Ce roman, débarrassé de tout son fatras, commençant au naufrage de Robinson près de son île, et finissant à l'arrivée du vaisseau qui vient l'en tirer, sera tout à la fois l'amusement et l'instruction d'Émile durant l'époque dont il est ici question. Je veux que la tête lui en tourne, qu'il s'occupe sans cesse de son château, de ses chèvres, de ses plantations; qu'il apprenne en détail, non dans des livres, mais sur les choses, tout ce qu'il faut savoir en pareil cas; qu'il pense être Robinson lui-même; qu'il se voie habillé de peaux, portant un grand bonnet, un grand sabre, tout le grotesque équipage de la figure, au parasol près, dont il n'aura pas besoin. Je veux qu'il s'inquiète des mesures à prendre, si ceci ou cela venait à lui manquer, qu'il examine la conduite de son héros, qu'il cherche s'il n'a rien omis, s'il n'y avait rien de mieux à faire; qu'il marque attentivement ses fautes, et qu'il en profite pour n'y pas tomber lui-même en pareil cas; car ne doutez point qu'il ne projette d'aller faire un établissement semblable; c'est le vrai château en Espagne de cet heureux âge, où l'on ne connaît d'autre bonheur que le nécessaire et la liberté.

Quelle ressource que cette folie pour un homme habile[1], qui n'a su la faire naître qu'afin de la mettre à profit! L'enfant, pressé de se faire un magasin pour son île, sera plus ardent pour apprendre que le maître pour enseigner. Il voudra savoir tout ce qui est utile, et ne voudra savoir que cela; vous n'aurez plus besoin de le guider, vous n'aurez qu'à le retenir.

Émile, livre III.

---

1. Le précepteur.

── QUESTIONS ──

62. La tradition suffit-elle pour conserver les connaissances humaines (§ 1)? Quelle est, selon vous, l'utilité des livres?

N'y a-t-il pas bien des risques dans cette éducation naturelle qui sépare l'enfant de la société où il est appelé à vivre?

Si l'éducation doit avant tout nous apprendre à vivre, on conçoit que Rousseau se refuse énergiquement à sacrifier la jeunesse, ses insouciances et ses joies aux exigences d'une pédagogie draconienne. Il y a là un appel qui mérite d'être médité.

63. Rousseau : les études ne doivent pas emprisonner la jeunesse.

Que faut-il donc penser de cette éducation barbare qui sacrifie le présent à un avenir incertain, qui charge un enfant de chaînes de toute espèce, et commence par le rendre misérable pour lui préparer au loin je ne sais quel prétendu bonheur dont il est à croire qu'il ne jouira jamais? Quand je supposerais cette éducation raisonnable dans son objet, comment voir sans indignation de pauvres infortunés soumis à un joug insupportable et condamnés à des travaux continuels comme des galériens[1], sans être assurés que tant de soins leur seront jamais utiles! L'âge de la gaieté se passe au milieu des pleurs, des châtiments, des menaces, de l'esclavage. On tourmente le malheureux pour son bien; et l'on ne voit pas la mort qu'on appelle, et qui va le saisir au milieu de ce triste appareil. Qui sait combien d'enfants périssent victimes de l'extravagante sagesse d'un père ou d'un maître? Heureux d'échapper à sa cruauté, le seul avantage qu'ils tirent des maux qu'on leur a fait souffrir est de mourir sans regretter la vie, dont ils n'ont connu que les tourments[2].

Hommes, soyez humains, c'est votre premier devoir; soyez-le pour tous les états, pour tous les âges, pour tout ce qui n'est pas étranger à l'homme. Quelle sagesse y a-t-il pour vous hors de l'humanité? Aimez l'enfance; favorisez ses jeux, ses plaisirs, son aimable instinct. Qui de vous n'a pas regretté quelquefois cet âge où le rire est toujours sur les lèvres, et où l'âme est toujours en paix? Pourquoi voulez-vous ôter à ces petits innocents la jouissance d'un temps si court qui leur échappe, et d'un bien si précieux dont ils ne sauraient abuser? Pourquoi voulez-vous remplir d'amertume et de douleurs ces premiers ans si rapides, qui ne reviendront pas plus pour eux qu'ils ne peuvent revenir pour vous? Pères, savez-vous le moment où la mort attend vos enfants? Ne vous préparez pas des regrets en leur ôtant le peu d'instants que la nature leur donne : aussitôt qu'ils peuvent sentir le plaisir d'être[3], faites qu'ils en

---

1. Voir Montaigne, texte n° 25; 2. Rhétorique? 3. Voir Rousseau, texte n° 65, paragraphe 4.

jouissent; faites qu'à quelque heure que Dieu les appelle, ils ne meurent point sans avoir goûté la vie.

Émile, livre II.

> C'est pour assurer sa liberté que Rousseau prescrit à son élève d'apprendre un métier manuel. Et quand ce ne serait que pour s'affranchir d'un préjugé paralysant.

64. Rousseau : l'artisan est un homme libre.

Or, de toutes les occupations qui peuvent fournir la subsistance de l'homme, celle qui le rapproche le plus de l'état de nature est le travail des mains : de toutes les conditions, la plus indépendante de la fortune et des hommes est celle de l'artisan. L'artisan ne dépend que de son travail; il est libre, aussi libre que le laboureur est esclave : car celui-ci tient à son champ, dont la récolte est à la discrétion[1] d'autrui. L'ennemi, le prince, un voisin puissant, un procès, lui peut enlever ce champ; par ce champ on peut le vexer[2] en mille manières : mais partout où l'on veut vexer l'artisan, son bagage est bientôt fait; il emporte ses bras et s'en va. Toutefois, l'agriculture est le premier métier de l'homme : c'est le plus honnête[3], le plus utile, et, par conséquent, le plus noble qu'il puisse exercer. Je ne dis pas à Émile : Apprends l'agriculture; il la sait. Tous les travaux rustiques lui sont familiers; c'est par eux qu'il a commencé, c'est à eux qu'il revient sans cesse. Je lui dis donc : Cultive l'héritage de tes pères. Mais si tu perds cet héritage, ou si tu n'en as point, que faire? Apprends un métier.

Un métier à mon fils! mon fils artisan! Monsieur, y pensez-vous? J'y pense mieux que vous, madame, qui voulez le réduire à ne pouvoir jamais être qu'un lord, un marquis, un prince, et peut-être un jour moins que rien; moi, je lui veux donner un rang qu'il ne puisse perdre, un rang qui l'honore dans tous les temps, je veux l'élever à l'état d'homme[4]; et, quoi que vous en puissiez dire, il aura moins d'égaux à ce titre qu'à tous ceux qu'il tiendra de vous.

---

1. *À la discrétion :* au bon plaisir; 2. *Vexer :* faire souffrir; 3. *Honnête :* respectable; 4. Voir Rousseau, texte n° 65.

QUESTIONS
---

63. Dans quelle mesure ce plaidoyer pour l'*humanité* vous paraît-il judicieux? Y aurait-il lieu de le nuancer, et comment?

Une image d'une éducation naturelle et pratique.

Gravure de P.-P. Choffard, d'après J.-M. Moreau le Jeune,
pour l'*Emile* de J.-J. Rousseau.

La lettre tue, et l'esprit vivifie. Il s'agit moins d'apprendre un métier pour savoir un métier, que pour vaincre les préjugés qui le méprisent. Vous ne serez jamais réduit à travailler pour vivre. Eh! tant pis, tant pis pour vous[1]! Mais n'importe; ne travaillez point par nécessité, travaillez par gloire. Abaissez-vous à l'état d'artisan pour être au-dessus du vôtre. Pour vous soumettre la fortune et les choses, commencez par vous en rendre indépendant. Pour régner par l'opinion[2], commencez par régner sur elle.

Émile, livre III.

> Somme toute, Rousseau se soucie médiocrement de l'acquisition des connaissances. Son dessein est de former un homme. Mais, plus que d'autres, il a conscience de l'instabilité des situations acquises; il faut donc que l'élève soit à même de s'adapter à tous les changements.

65. Rousseau : savoir s'adapter à toutes les conditions.

Dans l'ordre naturel, les hommes étant tous égaux, leur vocation commune est l'état d'homme; et quiconque est bien élevé pour celui-là ne peut mal remplir ceux qui s'y rapportent. Qu'on destine mon élève à l'épée, à l'Église, au barreau, peu m'importe. Avant la vocation des parents, la nature l'appelle à la vie humaine. Vivre est le métier que je lui veux apprendre. En sortant de mes mains, il ne sera, j'en conviens, ni magistrat, ni soldat, ni prêtre; il sera premièrement homme : tout ce qu'un homme doit être, il saura l'être au besoin tout aussi bien que qui que ce soit; et la fortune aura beau le faire changer de place, il sera toujours à la sienne. *Occupavi te, Fortuna, atque cepi; omnesque aditus tuos interclusi, ut ad me aspirare non posses*[3].

Notre véritable étude est celle de la condition humaine. Celui d'entre nous qui sait le mieux supporter les biens et les maux de cette vie est à mon gré le mieux élevé; d'où il suit que la véritable éducation consiste moins en préceptes qu'en

---

1. C'eût été l'occasion de faire vos preuves; 2. *L'opinion* : les valeurs traditionnelles; 3. « Je t'ai désarmée et je me suis emparé de toi, Fortune; j'ai bloqué toutes tes voies d'accès pour que tu ne puisses t'insinuer en moi » (Cicéron, *Tusculanes*, v, 9).

QUESTIONS

64. Rapprochez ce texte de celui de Locke, n° 50. Les arguments sont-ils les mêmes?
Comment se manifeste ici le réflexe plébéien de l'auteur?

exercices. Nous commençons à nous instruire en commençant à vivre; notre éducation commence avec nous; notre premier précepteur est notre nourrice. Aussi ce mot éducation avait-il chez les anciens un autre sens que nous ne lui donnons plus : il signifiait nourriture. *Educit obstetrix*, dit Varron; *educat nutrix, instituit paedagogus, docet magister*[1]. Ainsi l'éducation, l'institution, l'instruction, sont trois choses aussi différentes dans leur objet que la gouvernante, le précepteur et le maître. Mais ces distinctions sont mal entendues; et, pour être bien conduit, l'enfant ne doit suivre qu'un seul guide.

Il faut donc généraliser nos vues, et considérer dans notre élève l'homme abstrait[2], l'homme exposé à tous les accidents de la vie humaine. Si les hommes naissaient attachés au sol d'un pays, si la même saison durait toute l'année, si chacun tenait à sa fortune de manière à n'en pouvoir jamais changer, la pratique établie serait bonne à certains égards; l'enfant élevé pour son état, n'en sortant jamais, ne pourrait être exposé aux inconvénients d'un autre. Mais, vu la mobilité des choses humaines, vu l'esprit inquiet et remuant de ce siècle qui bouleverse tout à chaque génération[3], peut-on concevoir une méthode plus insensée que d'élever un enfant comme n'ayant jamais à sortir de sa chambre, comme devant être sans cesse entouré de ses gens? Si le malheureux fait un seul pas sur la terre, s'il descend d'un seul degré[4], il est perdu. Ce[5] n'est pas lui apprendre à supporter la peine; c'est l'exercer à la sentir.

On ne songe qu'à conserver son enfant; ce n'est pas assez, on doit lui apprendre à se conserver étant homme, à supporter les coups du sort, à braver l'opulence et la misère, à vivre, s'il le faut, dans les glaces d'Islande ou sur le brûlant rocher de Malte. Vous avez beau prendre des précautions pour qu'il ne meure pas, il faudra pourtant qu'il meure, et, quand sa mort ne serait pas l'ouvrage de vos soins, encore seraient-ils mal entendus. Il s'agit moins de l'empêcher de mourir que de le faire vivre. Vivre, ce n'est pas respirer, c'est agir, c'est faire usage de nos organes, de nos sens, de nos facultés, de toutes les parties de nous-mêmes, qui nous donnent le sentiment de notre existence. L'homme qui a le plus vécu n'est pas celui qui a compté le plus d'années, mais celui qui a le plus senti

---

1. « La sage-femme met au jour, la gouvernante nourrit, le précepteur forme, le maître instruit »; 2. Séparé de son milieu social; 3. Relever ce sens nouveau de l'incertitude des temps; 4. Dans la hiérarchie sociale; 5. L'éducation de classe.

la vie. Tel s'est fait enterrer à cent ans, qui mourut dès sa naissance. Il eût gagné d'aller au tombeau dans sa jeunesse, s'il eût vécu du moins jusqu'à ce temps-là.

Émile, livre premier.

> Tout en reprenant certaines thèses de Rousseau, **Kant** ouvre de plus larges horizons. Convaincu que l'humanité est une par la raison, il propose à l'effort éducatif des ambitions plus vastes, ignorées des classiques, à peine pressenties par la philosophie des Lumières : l'édification d'un type idéal de l'homme dans la perspective de la société future.

66. Kant : éduquer pour l'humanité à venir.

Les hommes qui élaborent des plans d'éducation devraient toujours avoir présent à l'esprit le principe de pédagogie que voici : il faut élever les enfants non pas en vue de l'état actuel de l'espèce humaine, mais en vue de son état futur amendé, c'est-à-dire adapté à l'idée d'humanité et à sa destination ultime.

Ce principe est d'une grande importance. Les parents se contentent trop souvent d'élever leurs enfants de manière à les préparer au monde actuel, fût-il corrompu. Ils devraient les élever mieux, de manière à préparer pour l'avenir un monde meilleur.

Mais ici se présentent deux difficultés : les parents généralement ne se préoccupent que de donner à leurs enfants les moyens de s'assurer une bonne situation dans le monde; et les princes ne considèrent leurs sujets que comme les instruments de leurs propres desseins.

Les parents ont en vue la famille et les princes l'État. Ni l'un ni l'autre ne se propose comme objectif ultime le bien de l'humanité et la perfection à laquelle elle est destinée, et pour laquelle elle a reçu les dispositions nécessaires. Le plan d'un programme d'éducation doit donc avoir une base cosmopolite.

Mais le bien de l'humanité, n'est-ce pas une considération qui puisse nous être préjudiciable dans notre vie privée ? — Absolument pas. Car même si en apparence elle exige des

---
QUESTIONS

65. En quoi l'homme à former, selon les conceptions de Rousseau, se distingue-t-il de l'honnête homme ?
Que signifie pour Rousseau *vivre* ?
Qu'en résulte-t-il pour l'éducation ?

sacrifices, en fait elle fortifie ce qu'il y a de plus prometteur dans notre situation actuelle. Quelles magnifiques perspectives ne nous ouvre-t-elle pas? Tout bien dans le monde est lié à une sage éducation. Il suffit de développer toujours davantage les germes qui sont déposés dans l'homme. Car la nature n'a pas mis en nous les dispositions au mal. Le mal naît lorsque l'on ne parvient pas à soumettre la nature à des règles. Dans l'homme n'existent que les germes du bien[1].

Mais d'où doit provenir le progrès du genre humain? Des sujets — en espérant que ces derniers se réforment eux-mêmes et fassent la moitié du chemin pour soutenir les efforts d'un bon gouvernement? Ou faut-il s'en remettre aux princes? — Il conviendrait alors de réformer d'abord l'éducation des princes. [...]

L'organisation de l'enseignement devrait être confiée aux hommes les plus compétents et les plus éclairés. Toute culture prend sa source chez l'individu et s'étend à partir de là. Ce n'est que grâce aux efforts de personnes d'esprit ouvert, préoccupées du bien de l'humanité et capables de concevoir l'idée d'un état futur meilleur, que l'évolution progressive de la nature humaine vers sa destination devient possible. Car il arrive souvent encore que bien des grands considèrent leur peuple en quelque sorte comme une partie du règne animal. Ils n'ont d'autre souci que d'en assurer la propagation. Tout au plus se préoccupent-ils encore de donner à leurs sujets du savoir-faire, mais uniquement pour pouvoir les utiliser d'autant mieux comme instruments de leurs desseins. Certes les personnes privées sont bien obligées, elles aussi, dans un premier temps, de se préoccuper des contingences naturelles; mais ensuite elles sont à même de veiller à l'épanouissement de la nature humaine; de développer non pas simplement l'habileté des hommes, mais d'abord leurs mœurs et surtout, chose la plus difficile de toutes, de faire en sorte que les générations suivantes dépassent le stade auquel ils sont eux-mêmes parvenus.

Pédagogie (1776-1777).

---

1. Voir Rousseau, texte n° 59.

───────── QUESTIONS ─────────

66. Kant a-t-il raison dans son appréciation des préoccupations des parents et des princes?
Que serait un plan d'éducation à base cosmopolite?
Que pensez-vous de l'idée de confier à un conseil de Sages, indépendants de l'État, la direction de l'éducation?

Ainsi, éduquer l'homme signifie l'aider à surmonter son égoïsme naturel pour conformer son action à des fins universelles. Cette éducation sera progressive et exigera l'effort collectif des siècles à venir, pour amener une humanité toujours perfectible à son plus haut niveau de perfection.

67. Kant : une éducation progressive.

L'homme est la seule créature qui ait besoin d'être éduquée[1]. [...] Les animaux, dès qu'ils disposent de leurs forces, les utilisent normalement, c'est-à-dire de manière à ne pas se nuire à eux-mêmes. [...] Un animal, grâce à son instinct, est déjà tout ce qu'il peut être. Une raison extérieure a tout disposé pour lui. L'homme, par contre, a besoin de sa raison propre. Il n'a pas d'instinct et il faut qu'il arrête lui-même sa ligne de conduite. Mais parce qu'il n'est pas capable dès le début d'y pourvoir, car il naît fruste, il faut que les autres le fassent pour lui.

L'espèce humaine doit développer par son propre effort, progressivement, et d'elle-même, toutes les dispositions naturelles de l'humanité. Une génération élève l'autre. Son principe, on peut par conséquent le chercher à son stade le plus fruste ou à son stade de perfection et d'achèvement. Si l'on considère ce dernier comme primitif et premier, il faut néanmoins admettre que l'homme est parfois retombé à l'état sauvage et à la barbarie. [...]

L'état sauvage, c'est l'indépendance de toute loi. La discipline[2] astreint l'homme aux lois de l'humanité et commence à lui faire sentir leur pouvoir contraignant. Mais il faut que cette expérience ait lieu très tôt. C'est pourquoi, au début, on envoie les enfants à l'école, non pas tant pour qu'ils s'y instruisent, mais pour qu'ils s'habituent à rester assis immobiles et à se conformer scrupuleusement à ce qu'on leur prescrit, de sorte que dans la suite ils ne mettent pas à exécution sur le champ toutes leurs fantaisies.

L'homme, par nature, a une telle propension à la liberté, que lorsqu'il y a pris goût, il lui sacrifie tout. C'est pourquoi, comme je l'ai dit, il faut très tôt l'habituer à la discipline. Sinon, il sera difficile dans la suite de changer ses dispositions. Il obéit alors à toutes ses lubies. C'est ce que l'on constate

---

1. Citations très fragmentaires. Mais il s'agit de notes de cours; 2. Remarquer l'importance de la notion de discipline. Voir Locke, texte n° 44.

chez les sauvages. [...] Mais ce trait n'est pas chez eux le signe d'une noble tendance à la liberté, comme le pensent Rousseau et d'autres, mais une sorte de barbarie : l'animal ici n'a pas encore donné naissance à l'être humain. C'est pourquoi il faut très tôt habituer l'homme à se soumettre aux injonctions de la raison. Lorsque dans sa jeunesse on l'a laissé agir à sa fantaisie, sans jamais lui résister, il garde une sorte de sauvagerie pendant toute sa vie. [...]

L'homme ne devient homme que par l'éducation. Il n'est que ce que l'éducation fait de lui. Et il faut remarquer que l'homme ne peut être élevé que par des hommes qui ont été eux-mêmes élevés. [...]

Celui qui n'est pas cultivé est fruste, mais celui qui n'est pas discipliné est sauvage. Le défaut de discipline est un mal plus grand que le défaut de culture, car celle-ci peut être corrigée ultérieurement. Mais le sauvage ne peut être reformé et la négligence de la discipline ne peut plus être rattrapée.

Peut-être l'éducation ne cessera-t-elle de se perfectionner; peut-être chaque génération marquera-t-elle un progrès vers le perfectionnement de l'humanité. Car c'est dans l'éducation que réside le grand secret du parachèvement de la nature humaine. Dorénavant, la voie est ouverte. Car de nos jours seulement, on commence à avoir un jugement juste et à reconnaître les caractères d'une bonne éducation. C'est un sujet de grande satisfaction de penser que la nature humaine peut être sans cesse perfectionnée par l'éducation et que l'on peut organiser l'éducation de telle manière qu'elle s'adapte à l'homme. Ainsi s'ouvre la perspective d'une humanité à venir plus heureuse que la nôtre.

L'ébauche d'une théorie de l'éducation est un magnifique idéal, et peu importe que nous soyons capables de la réaliser immédiatement. Gardons-nous seulement de taxer une telle idée de chimère et de la ridiculiser comme une rêverie, quelles que soient les difficultés que suscite sa mise en œuvre. [...]

Bien des germes sont déposés dans l'homme, et c'est notre tâche de développer harmonieusement ses dispositions naturelles, de former l'homme à partir de ces germes et de faire en sorte que l'homme réponde à sa vocation. [...]

Mais, pour l'individu, la réalisation de cet idéal est totalement impossible. [...] Les premiers parents donnent aux enfants un exemple. Les enfants l'imitent et c'est ainsi que se développent les dispositions naturelles. [...] Jadis, les hommes ne concevaient même pas la perfection que peut atteindre la nature humaine. Nous-mêmes, nous n'avons pas encore tiré entièrement au clair cette notion. Une chose cependant est bien établie : c'est que quelques personnes isolées ne peuvent pas, quelle que soit la culture qu'elles donnent à leurs enfants, les mettre à même d'accomplir leur vocation. Mais ce que des isolés ne peuvent faire, le genre humain le réalisera.

L'éducation est un art dont l'exercice doit se perfectionner de génération en génération. Chacune d'elle bénéficiant des connaissances de celles qui l'ont précédé, elle est plus apte à mettre en œuvre une éducation qui développe sciemment et harmonieusement toutes les dispositions naturelles de l'homme et conduit ainsi toute l'humanité vers sa destination. La Providence a voulu que l'homme tire de lui-même la connaissance du Bien. Elle lui dit : Va dans le monde; je t'ai pourvu de toutes les dispositions pour le bien. C'est à toi de les développer. Ainsi ton bonheur et ton malheur dépendent de toi-même.

Pédagogie.

Et Kant s'interroge sur le moyen d'activer en l'homme cette vocation divine. Il le trouve dans le principe du devoir. Les jeunes gens sont très sensibles, dit-il, aux subtilités du devoir. Il faut profiter de cet état d'esprit pour former en eux le sens moral, qui, au-delà de toute exaltation héroïque ou de toute spéculation intéressée, ne regarde qu'à la pureté du devoir pour le devoir.

68. Kant : la force du devoir.

Je ne sais pas pourquoi les éducateurs de la jeunesse n'ont pas encore mis à profit ce plaisir que la raison éprouve à s'engager dans les nuances les plus subtiles des problèmes de morale pratique qui lui sont proposés. Pourquoi, après avoir mis en place une sorte de catéchisme moral, n'ont-ils pas fouillé la biographie des temps anciens et modernes pour y trouver des illustrations des devoirs proposés, sur lesquels leurs élèves,

────────── QUESTIONS ──────────

67. Quelle est chez Kant la fonction de la discipline ? Est-elle contraire à la nature ? Que pensez-vous de la nécessité de cette discipline ?
Que pensez-vous de cette idée que les progrès de l'éducation sont liés à ceux de la société elle-même (voir Marx, texte n° 82) ?

en comparant des actes semblables dans des circonstances différentes, puissent exercer leur jugement en déterminant la valeur morale de ces actes dans chaque cas. Ils s'apercevraient alors que même des adolescents, encore inhabiles à tout autre spéculation, se montrent très perspicaces et qu'ils se passionnent pour ce jeu, parce qu'ils sentent s'affermir leur jugement. Mais surtout, et c'est là l'essentiel, ils se convaincraient qu'il y a tout lieu d'espérer que l'habitude de discerner l'acte moral dans toute sa pureté et de lui apporter son adhésion ou au contraire de relever avec regret ou mépris la moindre défaillance, même si ce n'est encore qu'un jeu proposé à des enfants pour confronter leur jugement, ne peut manquer d'imprimer aux esprits un sentiment durable de respect pour l'un et d'aversion pour l'autre ; et la simple habitude de se persuader que de telles actions méritent l'admiration ou le mépris doit nécessairement leur apporter, pour leur conduite future, des bases solides de rectitude morale. Je voudrais seulement qu'on leur épargnât les exemples de ces actions héroïques et extraordinaires dont nos romans sentimentaux regorgent. L'intérêt doit porter sur le devoir et le mérite qu'un homme acquiert à ses propres yeux lorsqu'il prend conscience de ne pas l'avoir violé. Les vains élans et les aspirations à une perfection imaginaire ne produisent que des héros de roman qui, fiers de se sentir portés vers une grandeur fabuleuse, se dispensent en échange du respect de la moralité quotidienne et accessible, trop médiocre et trop mesquine pour eux.

Mais si l'on me demande ce qu'est cette moralité pure, qui doit servir de pierre de touche pour toutes nos actions à valeur morale, je dois avouer que seuls des philosophes peuvent rendre douteuse la réponse à cette question. Car pour le sens commun, il y a beau temps qu'elle est acquise, non certes par des définitions abstraites, mais par l'usage courant, aussi nettement que la distinction entre la main droite et la main gauche. [...]

> Et Kant d'imaginer un garçon de dix ans sollicité de s'associer au réquisitoire calomnieux d'Henri VIII contre Anne Boleyn.

Le principe moral exerce sur le cœur de l'homme une impression d'autant plus forte qu'il se présente à lui à l'état pur. Il s'ensuit que si la loi morale, si l'image de la sainteté et de la vertu doit exercer partout son empire sur notre âme, elle ne peut l'exercer que si elle se présente à l'état pur, sans considération de notre bonheur, comme mobile de notre action : car c'est dans la souffrance qu'elle se manifeste avec le plus d'éclat. Par contre, ce dont l'absence stimule sa force doit être considéré comme un frein. Par suite, toute addition de mobiles qui se rapportent au bonheur personnel constitue un affaiblissement de l'empire que la loi morale exerce sur le cœur de l'homme. Je soutiens de plus, que même dans une action qui suscite l'admiration, lorsque le mobile qui l'a provoquée a été le respect du devoir, c'est cette considération du devoir, et non la manifestation d'une grandeur d'âme ou d'une noblesse méritoire, qui en impose le plus au spectateur. C'est donc le devoir et non le mérite qui doit exercer sur l'âme non seulement l'action la plus nette, mais encore, s'il est présenté dans la pleine lumière de son inviolabilité, l'action la plus décisive.

Critique de la raison pratique, 2ᵉ partie (1788).

> Pour Kant, la réussite suprême de l'éducation, c'est de rendre l'homme sensible à la majesté, double et complémentaire, de l'ordre naturel et de l'ordre moral. C'est en s'y conformant que la personne humaine accède au degré le plus haut de valeur et de dignité.

69. Kant : deux mondes.

Deux choses[1] remplissent mon âme d'une admiration et d'un respect qui toujours se renouvellent et grandissent, plus la pensée s'y applique et les approfondit : le ciel étoilé au-dessus de ma tête et la loi morale au fond de mon cœur. L'un et l'autre, je n'ai pas à les situer en dehors de ma connaissance, me contentant de les pressentir, parce qu'ils seraient perdus dans les ténèbres et la spéculation. Je les vois devant moi et je les relie directement à la conscience de mon existence.

La première commence au lieu que j'occupe dans le monde sensible et prolonge les relations dans lesquelles je suis engagé,

---

1. Voir Castiglione, texte nº 4.

QUESTIONS

68. Que pensez-vous de la portée pédagogique de tels débats sur des cas concrets de casuistique morale ?
Pourquoi Kant exclut-il les situations héroïques ou romanesques ?

jusque dans l'infini de l'espace, avec des mondes au-delà des mondes et des systèmes au-delà des systèmes, et dans l'infini temporel de leurs révolutions périodiques, avec leur commencement et leur durée. La seconde commence à mon moi invisible, à ma personnalité et me situe dans un monde vraiment infini, accessible à la seule raison; et je me sens lié à ce monde (et par là même avec tous les mondes visibles) par une relation qui n'est pas simplement accidentelle, comme tantôt, mais générale et nécessaire. Le spectacle d'une infinité de mondes anéantit mon importance comme celui d'un animal, tenu de restituer à sa planète, point imperceptible dans l'univers, la matière dont il a été tiré, après avoir bénéficié pendant quelque temps, on ne sait comment, de la force vitale. Le second élève mon importance comme celle d'un être intelligent, infini par sa personnalité, qui par la loi morale me révèle une vie affranchie de l'animalité et même du monde des sens, du moins dans la mesure où mon existence est déterminée par cette loi, et qui ne se limite pas aux nécessités et aux dimensions de cette vie, mais s'étend à l'infini.

Critique de la raison pratique, Conclusion.

QUESTIONS

69. Que représente le ciel étoilé? Comment est caractérisée ici la nature humaine?

DOCUMENTATION THÉMATIQUE
réunie par la Rédaction des Nouveaux Classiques Larousse

L'espace d'enseignement : l'architecture moderne.

L'ESPACE D'ENSEIGNEMENT :
L'ARCHITECTURE MODERNE

◆ Article de Georges Mesmin paru dans la G.E. (Larousse, 1973).

Les problèmes que pose au monde contemporain le développement de l'architecture scolaire sont de grande ampleur. L'explosion démographique, qui a marqué les années postérieures à la Seconde Guerre mondiale, l'amélioration du niveau de vie, qui entraîne quasi automatiquement l'allongement de l'âge scolaire, et l'élévation rapide du taux de scolarisation, tels sont les principaux facteurs qui ont provoqué partout une multiplication rapide des constructions destinées à l'enseignement. Les autorités centrales ou locales ont eu à réaliser des investissements considérables.
C'est cet aspect quantitatif qui sert de toile de fond aux problèmes de l'architecture scolaire contemporaine. Dans ce domaine, le qualitatif et le quantitatif sont étroitement liés. L'ampleur de l'effort fourni par la plupart des pays a donné aux architectes un vaste champ d'expérimentation. Inversement, l'acuité des besoins quantitatifs à satisfaire fait souvent passer au second plan les préoccupations de qualité architecturale. Mais l'insatisfaction que peuvent légitimement ressentir tous ceux qui partagent ces préoccupations, à la vue du médiocre classicisme de nombreuses réalisations récentes, s'explique aussi par la lenteur de l'évolution des esprits. L'architecture scolaire ne peut progresser que si progressent parallèlement la connaissance de l'influence qu'elle exerce sur la sensibilité des enfants et la prise de conscience des liens très étroits qui l'unissent à la pédagogie moderne. Sur ces deux points, les freins psychologiques sont considérables.
Les psychologues classiques de l'enfant ont consacré de nombreuses études aux mécanismes sensoriels et intellectuels d'apprentissage de l'espace, qui se perfectionnent jusqu'au seuil de l'adolescence. Mais l'espace qu'ils étudient est l'espace immédiat, celui qui est constitué par les objets qui entourent immédiatement l'enfant. C'est un espace sans bornes bien définies, qui ressemble plus à celui des philosophes ou des mathématiciens qu'à celui des architectes. L'étude des relations entre l'enfant et l'espace construit, l'espace architectural, est toute récente et reste encore très incomplète. C'est par le biais de la psychiatrie qu'elle a été entreprise, notamment aux États-Unis et en Grande-Bretagne. Les enfants inadaptés, plus sensibles à l'environnement, sont de bons révélateurs : leur hypersensibilité

permet de mettre en évidence des réactions qui, chez les enfants normaux, sont atténuées, mais n'en existent pas moins. C'est ainsi que des expériences, faites en particulier par Bernard G. Berenson aux États-Unis, ont montré le caractère traumatisant des espaces trop vastes. L'enfant a besoin de se sentir en sécurité; il faut la lui apporter en construisant à sa mesure, en variant les hauteurs de plafond, en limitant l'ampleur des ouvertures, en lui ménageant, autant que possible, des espaces personnels qui lui permettent de s'affirmer et de préserver son intimité.

En France, les travaux dirigés par Jean Boris sous les auspices du Centre de recherche d'architecture d'urbanisme et de construction (R.A.U.C.) ont montré également la richesse des impressions vécues par l'enfant au contact des matériaux, des couleurs, des formes, des espaces qui constituent son environnement scolaire. C'est ainsi, par exemple, que très nombreux sont les enfants qui ressentent comme une contrainte insupportable la présence des grilles, des murs, des lourds portails dont sont entourés les établissements d'enseignement traditionnels; ils ont le sentiment d'y être en prison. L'intérêt des enfants pour les formes architecturales ne se borne d'ailleurs pas à exprimer des préférences ou des répugnances : lorsqu'on fournit à des enfants d'âge scolaire, comme l'ont fait Jean Boris et Geneviève Hirschler, des matériaux en « mousse » légère, faciles à empiler, c'est avec ardeur qu'ils construisent eux-mêmes en grandeur réelle leur classe ou leur dortoir, aménageant des espaces où ils se « sentent bien » et dont les formes sont beaucoup plus libres que celles des locaux scolaires habituels; les lignes courbes sont fréquemment utilisées.

Ces études et ces expériences sont malheureusement encore trop peu nombreuses. L'influence de l'architecture sur l'enfant et sur son comportement scolaire reste très peu perçue par les autorités responsables, qui n'ont pas encore suffisamment compris que l'architecte est un éducateur, et particulièrement l'architecte de l'école, car c'est à l'école que l'enfant a son premier contact avec un milieu social extérieur à la famille. Une bonne architecture scolaire est la meilleure des éducations civiques.

La persistance, dans de nombreux pays, d'une pédagogie traditionnelle fondée sur l'autorité absolue du maître et l'obéissance passive de l'élève, constitue également un obstacle important au développement d'une architecture moderne et vivante. L'architecte ne peut guère innover, faire évoluer le cadre scolaire si la pédagogie qui inspire les maîtres d'ouvrage reste figée. Sa tâche consiste à faire une synthèse harmonieuse des préoccupations qui lui sont exprimées par les pédagogues, dont le rôle est de donner l'impulsion et, si possible, l'inspiration.

Beaucoup trop nombreuses sont encore les constructions scolaires qui traduisent une pédagogie « close », coupée du monde extérieur. Dans cette conception, l'univers de l'école doit être séparé, protégé des influences jugées malsaines qui pourraient contrebalancer celle des maîtres. C'est pourquoi l'école, le collège sont entourés de grilles ou de murs élevés. Les parents eux-mêmes ne sont guère admis à y pénétrer, en dehors du jour de la distribution des prix. La discipline, dans ces établissements, est strictement imposée. On demande à l'architecte de faciliter la surveillance de tous les instants, qui doit permettre de prévenir toute incartade : de longs couloirs, sans angles ni courbes, permettent d'exercer cette surveillance d'un seul coup d'œil; de même, les cours de récréation sont plates et mornes, sans recoins ni accidents de terrain; dans les classes rectangulaires, le maître est juché sur une estrade pour mieux dominer son auditoire. Paradoxalement, c'est l'Angleterre, longtemps réputée pour ses « public schools », où l'on ne ménageait pas les châtiments corporels, qui a donné, dès la fin de la Seconde Guerre mondiale, l'exemple d'une vaste expérience fondée sur des principes totalement différents. Sa réussite a inspiré quantité d'autres pays. Elle est due sans doute à la rencontre heureuse entre des principes pédagogiques libéraux et une organisation administrative décentralisée. Le ministère anglais de l'Éducation n'a donné que quelques directives très générales et a joué un rôle de conseil des autorités locales, les comtés, qui ont assumé avec leurs propres équipes d'architectes la totale responsabilité de l'entreprise.

Des principes pédagogiques nouveaux ont entraîné presque spontanément des formes architecturales nouvelles. L'obéissance, le conformisme n'étant plus considérés comme les qualités majeures à encourager chez les élèves, de nouveaux rapports se sont instaurés dans la classe : le rôle du maître n'est plus surtout de donner à tous un enseignement stéréotypé, mais d'aider chaque enfant à développer ses virtualités; il intervient souvent comme un conseiller pour des travaux de groupes. La salle de classe change donc de fonction et de forme; les enfants doivent pouvoir entourer le maître ou se redistribuer en petites unités de travail : le rectangle cède la place au carré ou à l'hexagone; les sièges et les tables deviennent plus mobiles, de manière à faciliter le passage rapide à des groupements différents. L'atmosphère de confiance et de responsabilité qui succède à la surveillance permanente d'antan permet une articulation beaucoup plus libre des espaces d'enseignement et des espaces de récréation, qui se fragmentent : des patios s'insèrent en damier entre les classes, faisant pénétrer les arbres et la verdure au cœur même de l'école; les couloirs diminuent de longueur ou même disparaissent; une grande salle polyvalente sert tour à tour de gymnase couvert, de salle des fêtes, de salle de réunion, de danse ou de musique, ce qui permet de faire des économies au profit d'une meilleure qualité des équipements, du mobilier et des revêtements intérieurs, que les enfants respectent mieux puisqu'ils sont plus beaux. Tout gigantisme est banni, car la pédagogie libérale est incompatible avec de grandes masses d'élèves anonymes où chaque individu se sent noyé.

L'établissement scolaire anglais cesse de ressembler à une caserne et reprend l'aspect avenant qui en fait, aux yeux des enfants, ce prolongement naturel de la maison, où leur personnalité peut éclore dans une sécurité faite d'action et de joie.

Il faut noter aussi que cette expérience de libéralisation pédagogique et architecturale a coïncidé, sur le plan technique, avec une expérience de préfabrication. Des éléments préfabriqués ont été largement utilisés sans que la liberté de conception des architectes en soit limitée. Il s'agit, en effet, d'une préfabrication « ouverte », permettant une grande liberté du plan-masse et des volumes. Les contraintes, inévitables, de la fabrication ont plutôt contribué à la réussite d'ensemble. L'utilisation des charpentes métalliques a donné aux constructions anglaises une légèreté d'allure que ne permet pas aussi facilement l'utilisation du béton. En revanche, elle a conduit à réduire le nombre des étages : une bonne partie des écoles et des collèges anglais est en rez-de-chaussée, ce qui renforce l'aspect familial, accueillant pour l'enfant, qui ne s'y sent pas dominé, écrasé par de lourdes masses de bâtiments.

De nombreux pays, en particulier les pays anglo-saxons, germaniques et scandinaves, ont progressivement adopté des solutions très voisines, tout en adaptant l'exemple anglais à leurs exigences propres. Il existe maintenant un style international d'architecture scolaire, qui a été illustré par les plus grands architectes. Arne Jacobsen (1902-1971), par exemple, a construit au Danemark l'école de Gentofte, où chaque classe a son patio. La France est restée en la matière résolument conservatrice. Elle a pourtant construit autrefois des écoles qui étaient en avance pour l'époque, comme l'école de Plein Air de Suresnes, réalisée en 1935 par Marcel Lods et Eugène Beaudouin, où les classes s'ouvrent directement sur le jardin par des portes-fenêtres De nos jours encore, des architectes de talent réussissent à créer des établissements scolaires accueillants aux enfants. Mais il ne s'agit, le plus souvent, que de réussites isolées qui restent indéfiniment à l'état de prototypes.

Les nouveaux établissements continuent, pour la plupart, à garder un style « napoléonien ». Certes, les revêtements sont en couleurs claires, et les matériaux sont modernes; mais les structures n'ont pas changé; ce sont toujours les mêmes bâtiments écrasants, les mêmes couloirs interminables, les mêmes réfectoires immenses, les mêmes classes toutes pareilles, alignées côte à côte sans aucune fantaisie, le même mobilier ingrat. L'industrialisation, à l'inverse de ce qui s'était passé en Grande-Bretagne, n'a pas contribué à assouplir l'architecture; le métal a remplacé le béton, mais les formes stéréotypées n'ont pas évolué pour autant.

Les causes de cette sclérose sont multiples. La France est desservie par l'extrême centralisation de son système administratif. Le ministère de l'Éducation nationale est devenu un monstre, dont la lourdeur rend toute réforme difficile; on se contente donc d'« expériences », qui, même concluantes, ne sont pas généralisées, car les forces conservatrices sont puissantes. La centralisation s'accompagne de la recherche prioritaire des économies et de la hantise des « prix plafonds »; les services du ministère professent, sans que personne l'ait jamais démontré, que de longs bâtiments compacts de plusieurs étages sont plus économiques que des constructions légères en rez-de-chaussée.

Beaucoup de maîtres, de leur côté, s'accommodent des structures traditionnelles. Le caporalisme qu'elles expriment est ancré dans leurs habitudes, et la recommandation officielle d'une pédagogie « nouvelle » n'y change pas grand-chose. Certains chefs d'établissement poussent au gigantisme. Ils ont la hantise des accidents qui pourraient engager leur responsabilité et luttent contre tout assouplissement architectural qui paraîtrait de nature à rendre la « surveillance » moins facile.

En réalité, la surdimension des bâtiments est l'obstacle principal à l'avènement d'une architecture plus accueillante aux enfants. C'est pourquoi la limitation des effectifs à un niveau compatible avec les nécessités pédagogiques devrait être la préoccupation majeure des responsables : une école primaire ne devrait pas compter plus de 250 élèves, un collège de premier cycle plus de 500 élèves et un lycée plus de 1 000 ou 1 200 élèves.

La recherche de la dimension optimale doit inspirer constamment les architectes; classes, réfectoires, dortoirs, espaces de jeux doivent être adaptés à l'âge des enfants; ceux de la maternelle et de l'école primaire ne peuvent avoir la même dimension que ceux du lycée.

L'école doit aussi s'ouvrir le plus possible sur la nature. C'est pourquoi le choix du terrain est très important. Celui-ci doit être planté d'arbres et, si possible, de gazon et de fleurs, que les enfants savent respecter, car ils sont sensibles à l'ambiance qu'elles créent.

Pour le reste, il est difficile d'énumérer les conditions d'une bonne architecture scolaire. Qu'il suffise de dire qu'elle doit être souple et s'adapter aux besoins d'une pédagogie évolutive. Les tendances modernes, nous l'avons vu, vont dans le sens d'une diversification de la forme et des fonctions de la classe. Cette évolution se poursuit, et en particulier, dans les pays anglo-saxons, où l'on assiste depuis quelques années à la remise en cause de la notion même de la classe : les enfants sont répartis dans des groupes de niveau homogène, qui changent donc de composition selon les matières enseignées. Les architectes ont dû adapter l'espace scolaire à cette nouvelle organisation pédagogique : l'école se redistribue en espaces d'enseignement assez vastes, mais diversifiés, coupés du sol au plafond par des cloisons en forme de paravents, où sont accrochés les tableaux noirs, les cartes de géographie et qui créent en même temps différents « coins » et alcôves où viennent s'installer les groupes d'élèves. Afin que ceux-ci puissent travailler sans se gêner mutuellement, l'insonorisation est particulièrement soignée : moquettes, plafonds et parois sont absorbants. L'impression qui se dégage est celle d'une ruche en travail où chacun s'affaire en bon ordre. L'école moderne doit être aussi relativement ouverte sur le monde extérieur, pour que l'enfant ne s'y sente pas prisonnier : les clôtures doivent perdre leur aspect rébarbatif, devenir presque symboliques. L'école doit être accueillante à tous ses amis, et en particulier aux parents, qui ne doivent pas y être traités en importuns. Après les heures de cours, dans de nombreux pays, l'école reste ouverte pour des activités sportives ou culturelles qui lui permettent de jouer un rôle de foyer d'animation au profit du quartier environnant.

Tous ces problèmes d'adaptation de l'espace d'enseignement aux exigences du monde contemporain sont particulièrement délicats et exigent la mise en œuvre de solutions hardies et imaginatives. Il y faut la mutuelle compréhension et le travail en commun de tous ceux qui ont un rôle à jouer : éducateurs, psychologues, médecins, administrateurs, architectes, urbanistes. L'esprit de synthèse est indispensable pour que l'architecture scolaire de demain soit réellement adaptée aux besoins des enfants.

TABLE DES MATIÈRES

	Pages
Tableau chronologique	2
Bibliographie sommaire	7
Introduction	9
Index des auteurs	16

I. L'IDÉAL DE LA RENAISSANCE 25

Baldassare Castiglione
Il Cortegiano 26

Léonard de Vinci
Lettre au duc de Milan 33

Érasme de Rotterdam
De l'éducation des enfants (nature, aptitudes, programme). 35
L'Éloge de la folie 41
De l'éducation des enfants (la philosophie) 43

Luther
Correspondance 44

Rabelais
Pantagruel 45
Gargantua 52

II. LA PÉRIODE CLASSIQUE 57

Montaigne
Essais 58

Comenius
Grande Didactique 71

Milton
Lettre à Hartlib 81

Molière
L'École des maris 84
Les Femmes savantes 85
L'École des femmes 87

TABLE DES MATIÈRES — 151

	Pages
Fénelon	
Traité de l'éducation des filles	89
Méré	
Conversations	92
Discours de la vraie honnêteté	93
Pascal	
Pensées	94
Voltaire	
Jeannot et Colin	95
III. LA PÉDAGOGIE DES PHILOSOPHES	99
Locke	
De l'éducation des enfants	101
Montesquieu	
De l'esprit des lois	112
Condorcet	
Esquisse d'un tableau historique des progrès de l'esprit humain	117
Rousseau	
Émile	119
Kant	
Pédagogie	135
Critique de la raison pratique	139
Documentation thématique	143

un dictionnaire de la langue française pour chaque niveau :

NOUVEAU DICTIONNAIRE DU FRANÇAIS CONTEMPORAIN ILLUSTRÉ
sous la direction de Jean Dubois

• 33 000 mots : enrichi et actualisé, tout le vocabulaire qui entre dans l'usage écrit et parlé de la langue courante et que les élèves doivent savoir utiliser à l'issue de la scolarité obligatoire.
• 1 062 illustrations : un apport descriptif complémentaire des définitions et qui permet l'introduction de termes plus spécialisés n'appartenant pas au vocabulaire courant ou ne nécessitant pas d'explication autre que celle de l'image.
• Un dictionnaire de phrases autant qu'un dictionnaire de mots, comme dans l'édition précédente, selon les mêmes principes de description du lexique et du fonctionnement de la langue.
• Le dictionnaire de la classe de français (90 tableaux de grammaire, 89 tableaux de conjugaison).

Un volume cartonné (14 × 19 cm), 1 296 pages.

LAROUSSE DE LA LANGUE FRANÇAISE lexis
sous la direction de Jean Dubois

Avec plus de 76 000 mots des vocabulaires courant, classique et littéraire, technique ou scientifique, c'est le plus riche des dictionnaires de la langue en un seul volume.
Par la diversité de ses informations sur les mots, par la construction raisonnée de ses articles et par son dictionnaire grammatical, c'est un instrument de pédagogie active : il s'adresse aussi à tous ceux qui veulent comprendre le fonctionnement de la langue et acquérir la maîtrise des moyens d'expression.

Nouvelle édition illustrée : un volume relié (15,5 × 23 cm), 2 126 pages dont 90 planches d'illustrations par thèmes.

GRAND LAROUSSE DE LA LANGUE FRANÇAISE
7 volumes sous la direction de L. Guilbert, R. Lagane et G. Niobey; avec le concours de H. Bonnard, L. Casati, J.-P. Colin et A. Lerond

Un dictionnaire unique parce qu'il réunit :
• la description la plus complète du vocabulaire général, scientifique et technique, classique et littéraire, avec prononciation, syntaxe et remarques grammaticales, étymologie et datations, définitions avec exemples et citations, synonymes, contraires, etc.;
• la documentation la plus riche sur la grammaire et la linguistique : près de 200 articles (à leur ordre alphabétique) donnant une analyse détaillée des diverses théories, passées ou actuelles, sur les principaux concepts grammaticaux et linguistiques;
• un traité de lexicologie exposant les principes de la formation des mots et la construction des unités lexicales.

7 volumes reliés (21 × 27 cm).